INHALT

LIFECORE
13
PUNK ROCK

VORWORT

Es ist mittlerweile sieben Jahre her, dass ich angefangen habe, vegan für andere Menschen zu kochen. In diesen Jahren habe ich nicht nur viele Gerichte probiert, viele Rezepte selbst entwickelt und viele neue vegane Produkte kommen sehen, sondern auch viele Menschen glücklicher gemacht.

Seit fast fünf Jahren betreibe ich nun den Onlineshop Vegan-Wonderland und den Cateringservice VeganWondercake. Ich beschäftige mich täglich mit veganen Nahrungsmitteln und dem veganen Leben in einer unveganen Gesellschaft. Ganz besonders liegt mir die vegane Zuckerbäckerei am Herzen. Ich liebe es, mit feinen Zutaten fantastische Tortenträume umzusetzen. So manches Mal habe ich schon gehört, dass die Ergebnisse viel zu schön sind, um sie zu essen. Aber sie sind auch viel zu köstlich, um sie nicht zu genießen. Der Reiz, Kunst mit Genuss zu verbinden, fasziniert mich jedes Mal aufs Neue und ich weiß, dass es vielen Anderen auch so geht.

With Love,
Kim

Vegane Sweets, Tierrechte und D.I.Y.

Man built god;
dragged himself upon a pedestal
kicked dirt in the faces of all other life
Crowned himself as deity
What animal separates this ape from that?
The human animal; ignored and loathed by louse and lion
Revel in our glory, in every brother is quarry
Butcher every life, until our land is stained and dead
From our towers we cry "every man shall bear a soul,
a right that no other beast shall bear"
and in the shadows the dogs shook their heads
"shame upon those apes, pride comes before a fall"

(Song: A Soul to bare / Band: Fall of Efrafa)

Dieses Buch ist eine Liebeserklärung.

Es ist aber auch ein Argument für den Veganismus und eine bewusste und ethische Lebensweise.

Und jedes dieser Rezepte ist der köstliche Beweis, dass ein Leben ohne die Ausbeutung von Tieren möglich ist – und das ganz ohne Verzicht.

Tierliche Produkte stecken z.B. in unserer Kleidung: Leder, Wildleder, Seide, Pelz, in den verwendeten Klebstoffen, Filz, Angora, Wolle...

Und vor allem in unseren Lebensmitteln: Fleisch- und Wurstwaren sowie Käse und Milchprodukte sind offensichtlich tierlicher Herkunft. Aber es geht noch weiter: Schmalz, Molke, Butter, Eier, Honig, Sahne, Frischkäse, Gelatine, Schellack, Milchzucker, Laktose, Lab usw. Doch vieles findest Du auch versteckt hinter E-Nummern oder einfach zusammengefasst unter „Aromen", Gewürzmischungen, Konservierungsstoffen oder Farbstoffen. Aber das steckt doch überall drin? Ohne das Alles soll ich leben können??? Natürlich ...und das geht ganz einfach!

Die Freude in den Augen der Menschen...

Es gibt nichts Schöneres, als die Freude in den Augen zu sehen, zum Beispiel beim Brautpaar, deren Gäste die Feier und das Catering genossen haben und gerade mit Genuss die Torte anschneiden. Oder beim veganen Geburtstagskind, das endlich nach 11 Jahren einen richtig guten (veganen) Käsekuchen bekommt.

Menschen lieben seit jeher den Genuss und die Vergänglichkeit von zarten Zuckerkunstwerken beeindruckt immer wieder. Es gibt nichts Schöneres als ein persönliches Geschenk, das von Herzen kommt. Warum also nicht mit Liebe backen?

...und das Leid in den Augen der Anderen.

Wer schon einmal einem leidenden Tier in die Augen geschaut hat, kennt den Grund, warum jedes dieser Rezepte ohne tierliche Zutaten auskommt. Du wirst hier kein Rezept mit Butter oder Milch finden, dafür aber mit Pflanzenmilch und Margarine.

Und wie sagte Jeremy Bentham noch:
Die Frage hat für die Menschen nicht zu lauten: Können die Tiere denken?
Sondern sie hat zu lauten: Können die Tiere leiden?
Darüber aber gibt es wohl keinen Streit,
und das Wissen um diese Leidensfähigkeit muss daher die Hauptsache sein bei
jeder Betrachtung der Tierseele durch den Menschen.

Der Konsum von Milch, Eiern und weiteren Tierprodukten gehört für viele zum Alltag und ist vor allem ein Aspekt, der von den meisten Menschen nicht beachtet wird. Es wird einfach früh erlerntes Wissen umgesetzt, Menschen lassen sich von

Werbung und Fehlinformationen blenden und verschließen sich vor unangenehmen Wahrheiten. Nur wenige fragen sich, wo die Milch überhaupt herkommt, die sie täglich billig im Discounter kaufen.

Der Mensch ist zum Konsumenten geworden, der blind vertraut - und dabei wegschaut. Aber dieses Muster lässt sich ablegen!

Das kann durch harte Fakten, wie Videos und Fotomaterial geschehen, aber auch mit dem Samthandschuh. Als guter Einstieg in die Thematik bietet sich der Kritikpunkt selbst an: Nahrungsmittel. Auch ein saftiger, veganer Muffin mit aromatischem Topping kann ein sehr überzeugendes Argument sein.

D.I.Y. or die (oder: Wie kann ich aktiv werden?)

Die Ablehnung von tierlichen Produkten ist kein negativ zu sehender Verzicht, sondern die bewusste und positive Entscheidung zu gesünderem und tierleidfreiem Essen und Leben sowie ein Schritt hin zu notwendigen Tierrechten.

Natürlich betrifft ein großer Aspekt der veganen Lebensweise die eigene Ernährung. Aber Du kannst mehr tun, als Dich (nur) vegan zu ernähren und auf tierliche Produkte zu verzichten: Selbst aktiv werden!

Nicht Jede_r muss maskiert in Mastbetriebe einbrechen und Tiere befreien. Mache Deine Umwelt auf die Missstände aufmerksam, z.B. mit Flyern, Plakaten, Aktionen und Infoständen, blogge im Internet, berichte bei YouTube oder schreibe Artikel für kleine Zeitschriften oder Zeitungen, gestalte Aufkleber und Infozettel oder unterstütze aktive Organisationen durch Deine Mithilfe. Mittlerweile gibt es viele aktive Gruppen! Hast Du Dich schon einmal in Deiner Umgebung umgesehen? Vernetze Dich mit Anderen, z.B. über das Internet, in Communities oder Foren und plant zusammen Info-Aktionen!

Knowledge is power, so teach yourself

An dieser Stelle möchte ich Dir einige Bücher ans Herz legen. Es gibt aber natürlich noch viele andere interessante Bücher über Tierrechte und Veganismus.

- *Vegan. Über Ethik in der Ernährung und die Notwendigkeit eines Wandels (Kath Clements)*
- *Vegane Ernährung (Gill Langley)*
- *Animal Liberation. Die Befreiung der Tiere (Peter Singer)*
- *Vegan! (Marc Pierschel)*
- *Befreiung hört nicht beim Menschen auf. Perspektiven aus der Tierbefreiungsbewegung (Hrsg. BerTA)*
- *Das neue Schwarzbuch Markenfirmen. Die Machenschaften der Weltkonzerne (Klaus Werner-Lobo / Hans Weiss)*
- *Entzauberte Manege. Der grausame Alltag der Tiere in Zirkus und Tierschau (William Johnson)*

- *Das steinerne Herz der Unendlichkeit erweichen. Beiträge zu einer kritischen Theorie für die Befreiung der Tiere (Hrsg. Susann Witt-Stahl)*
- *Manche Tiere sind gleicher. Konzepte von Tierschonung, Tierbefreiung, Tierrecht und Tierverteidigung und ihr politischer Anspruch (Susanna Harringer)*

Das Internet ist ebenso eine wahre Fundgrube, wenn es um Wissen geht. Hier findest Du Informationen, Rezepte, Tipps und vegane Produkte!

www.produktanfragen.foren-city.de
www.theppk.com
www.vegan.de
www.tierrechtskochbuch.de
www.veganismus.de
www.veganwonderland.de
www.rootsofcompassion.org
www.veganguide.org

Es gibt viele Gründe für eine vegane Ernährung!

Torten Couture

BASICS

inen großen Teil dieses Buches widme ich der Tortenbäckerei, die mich mich besonders fasziniert, denn die Individualität, die Freude am Backen und der bewusste Umgang mit besonderen Lebensmitteln bieten schier unendliche Möglichkeiten, kleine und vergängliche Kunstwerke zu schaffen.

Aber gerade bei Torten ist es oft schwierig, vegane Alternativen zu finden. Oft scheitert es an der richtigen Cremefüllung, die zu weich und nicht fest genug ist, um weitere Böden zu halten. Die Umhüllung ist oft verlaufen und das finale Tortenstück nicht schnittfest.

Besonders trickreich gestaltet sich auch die Dekoration. Handelsübliche Zuckerelemente enthalten oft tierliche Inhaltsstoffe und konventionelle Rezepte beinhalten meist Eiweiß oder Gelatine.

Dieses Buch zeigt, dass es auch anders geht. Probier es selbst!

Arbeitsutensilien

Was Du unbedingt brauchst:
1. Messer in diversen Größen
2. Fondantglätter
3. Schere
4. Cutter
5. Zahnstocher
6. Pinsel
7. Palette
8. Tortenunterlagen aus Pappe

Was noch sinnvoll wäre
(aber kein Muss ist):
 9. Spritztüllen
10. Doppelrollschneider
11. Rollstab
12. Patchworkcutter
13. Drehbare Tortenplatte
14. Sugarcraft Gun
15. Lebensmittelfarben
    (Paste und Puder)
16. Ausstecher
17. Silikonunterlage
18. Schleifenband
19. Modellierstäbe

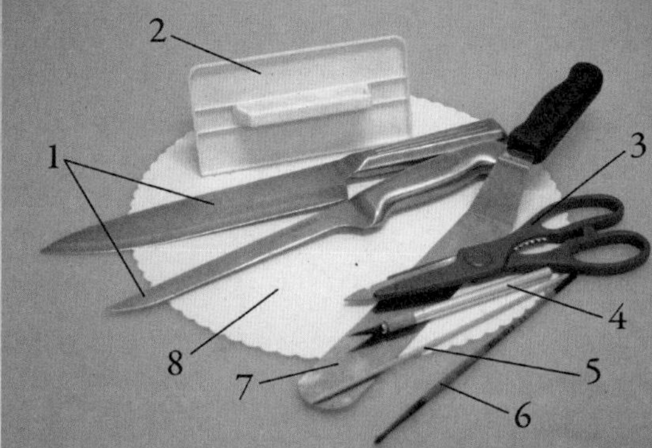

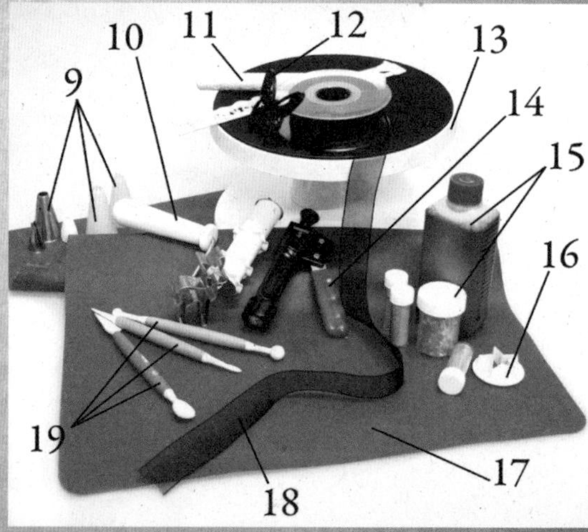

Kims Tipps & Tricks

Für viele der im Buch gezeigten Rezepte brauchst Du mehr als nur Mehl, Margarine und Zucker - neben etwas Kreativität auch Zeit, etwas Übung und die richtigen Utensilien. Deshalb hier ein paar Tipps von mir!

Die Zeit

Plane für jedes Rezept ausreichend Zeit ein. Was auf die Schnelle gemacht wird, sieht später meist leider auch so aus. Gerade Kuchen und Muffins sollten vor dem Weiterverarbeiten gut auskühlen. Dekoelemente benötigen ebenfalls Zeit zum Trocknen. Damit Dein Zeitplan nicht zu eng wird, musst Du das berücksichtigen und einplanen.

Keines der Rezepte in diesem Buch enthält eine Zeitangabe. Das war eine bewusste Entscheidung, denn jeder Mensch hat sein ganz persönliches Tempo.

Die Zutaten

Damit die veganen Leckereien auch fantastisch schmecken, benutze und empfehle ich immer frische und hochwertige Zutaten. Es lohnt sich mit frischer Vanille zu arbeiten, denn Vanille-Zucker ist eher ein „No-Go". Ebenso ist es sinvoll, die Zutaten so zu verarbeiten, dass sie noch aromatischer werden, z.B. Zucker karamellisieren oder Haselnüsse anrösten.

Wo immer möglich greife ich auf Bio-Zutaten zurück, besonders bei Früchten. Das tut nicht nur der Umwelt und mir gut, sondern auch dem Geschmack!

Preislich macht das natürlich auch einen Unterschied, aber Du solltest Dir die Frage stellen, ob Du die Billig-Discounter unterstützen möchtest. Ich habe mich dagegen entschieden!

Butter

Butter zu ersetzen erscheint im ersten Moment einfach: Margarine! Allerdings enthält gängige Margarine Vitamin D, das zwar synthetisch hergestellt werden kann, aber aus Kostengründen meist aus Wollwachs gewonnen wird. Im normalen Supermarkt findest Du aber mittlerweile einige vegane Margarinen, z.B. von Provamel, Alsan, Sojola oder Deli.

Sahne

Inzwischen gibt es eine große Auswahl an veganen Alternativen: flüssige Sahne zum Kochen, süße Sahne zum Aufschlagen und vegane Sprühsahne aus der Dose mit nur 30% Fett, Sojasahne, Reissahne, Mandelsahne - einfacher, leckerer und leichter geht es nicht! Ich persönlich benutze für Sahne-Cremes immer die Schlagcreme von Soyatoo.

Milch

Die Produktpalette ist hier recht groß: Kokosmilch, Mandelmilch, Reismilch, Hafermilch... und natürlich Sojamilch. Ich benutze am liebsten Reismilch, die von Natur aus eine leichte Süße, eine schöne weiße Farbe und keinen Nachgeschmack von Getreide hat. Pflanzenmilch kannst Du auch selber machen. Zu empfehlen wäre die Anschaffung einer Sojamilchmaschine, die relativ günstig z.B. über eBay gekauft werden kann und für den Hausgebrauch vollkommen ausreicht. Die Handhabung ist einfach, die Milch schnell zubereitet und der Herd bleibt sauber. Einfach Sojabohnen in Wasser einweichen, in die Maschine geben und der Rest geht fast von selbst!

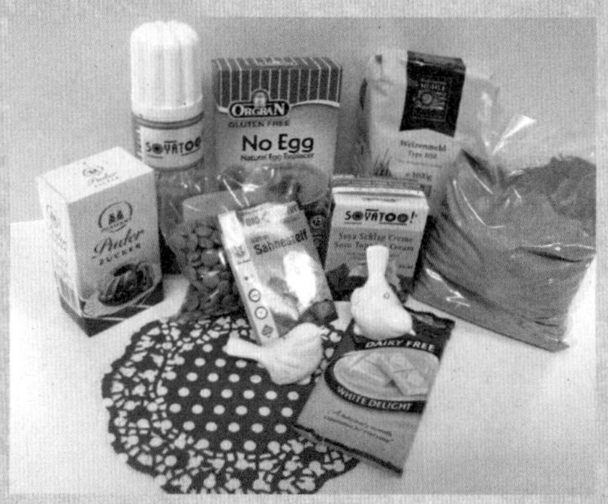

Glycerin

Synthetisches Glycerin ist eine zähflüssige, klare Flüssigkeit, die Du z.B. in der Apotheke oder im Fachhandel bekommst. Es hat einen leicht süßlichen Geschmack und trägt daher auch den Spitznamen „süßes Wachs", gehört aber chemisch gesehen zur Gruppe der Alkohole.

Traganth

Aus dem Saft der asiatischen Astragalus-Sträucher wird das pflanzliche Verdickungsmittel Traganth gewonnen. Es eignet sich gut zum Eindicken von Desserts und Süßwaren, aber besonders zur Herstellung von Modellierfondant. Du findest es im Internet oder im gut sortierten Fachmarkt.

Pottasche

Kaliumcarbonat, auch als Pottasche bekannt, ist eine klassische Lebkuchenzutat und trägt ihren Namen aufgrund der früheren Methode zur Anreicherung von Kaliumcarbonat aus Holzasche durch Auswaschen mit Wasser und anschließendes Eindampfen in Pötten, also Töpfen. Heute ist das Verfahren synthetisch und Pottasche hat eine ähnliche Wirkung wie Backtriebmittel bzw. Backpulver. Pottasche ist in der gut sortierten Gewürzabteilung Deines Supermarktes erhältlich.

Die Arbeitsutensilien

Was für Utensilien notwendig und hilfreich sind, hast Du ja vorher schon erfahren. Generell gilt: Gutes Equipment ist immer ein großer Pluspunkt! Natürlich lässt sich vieles auch improvisieren, aber es lohnt sich z.B. in hochwertige Backformen zu investieren. Der Unterschied zeigt sich meist schon nach kurzer Zeit. Nicht nur schnell sichtbare „Schäden" wie sich ablösende Beschichtungen, sondern auch eine gleichmäßige Hitzeverteilung beim Backvorgang machen den Unterschied.

Die Idee

Motiv-Torten und individuelle Dekorationen lassen sich immer wunderbar auf den jeweiligen Anlass abstimmen. Von daher solltest Du zuerst im Kopf durchgehen, wie das Endergebnis werden soll: Für welchen Anlass oder für wen ist die Torte gedacht? Soll die Dekoration im Mittelpunkt stehen? Welche Farbkombination ist passend? Was ist mit persönlichen Deko-Elementen und Beschriftungen?

Die Arbeit

Für manche Köstlichkeiten brauchst Du neben Fingerfertigkeit auch etwas Geduld. Es können immer Missgeschicke passieren, plane diese mit ein! Die meisten Fehler lassen sich korrigieren oder kaschieren.

Ein weiterer wichtiger Punkt ist, immer sauber zu arbeiten, nur so erhältst Du ein tolles Ergebnis. Daher empfehle ich, den Arbeitsbereich immer wieder zu säubern, bereits verwendete Utensilien direkt zur Seite zu stellen bzw. zu reinigen und unbenutzte Zutaten wieder zu verpacken. Auch beim Backwerk solltest Du darauf achten, denn übergelaufene Muffin-Förmchen und unsaubere Torten-Ränder machen immer einen unschönen Eindruck.

GRUNDREZEPTE

Mit den folgenden Rezepten lassen sich schon so manche Vorstellungen umsetzen. Die Grundlagen, wie die Herstellung von Marzipan oder Fondant, sind einfach unumgänglich.

Ei-Ersatz

Du kannst Hühnereier durch speziellen Ei-Ersatz oder Soja-Mehl ersetzen. Ich bevorzuge den Ei-Ersatz „No Egg" von Orgran, den ich immer mit Wasser aufschlage.

Aber es gibt auch eine Methode, bei der das Endprodukt dann aussieht wie ein geschla-genes Hühnerei und für die Du die Zutaten meist zu Hause hast.

Zutaten für ein „Ei"
2 EL   Mehl
1 EL   Backpulver
2 EL   Sonnenblumenöl
3 El   Wasser

Das Mehl mit dem Backpulver mischen. Nun das Öl und das Wasser dazugeben und kräftig aufschlagen.

Der Ei-Ersatz eignet sich besonders für Kuchenteige und Muffins. Beim Backen verfliegt der Backpulvergeschmack, welcher eventuell im „Rohzustand" auftreten kann.

Marzipan

Marzipan kannst Du schon fertig verpackt kaufen. Allerdings ist nicht jedes Marzipan gleich gut für Torten geeignet. Viele sind spröde und reißen beim Ausrollen. Du solltest verschiedene Sorten testen, um für Dich das passende Produkt zu finden. Dabei wirst Du schnell feststellen, wie unterschiedlich Marzipan doch sein kann. Nicht nur die Konsistenz und Farbe, sondern auch der Geschmack lässt bei vielen zu wünschen übrig. Im Handel gibt es auch fertig ausgerollte Marzipandecken, die wohl das abschreckendste Beispiel sind, denn sie sind extrem spröde und schmecken nach Plastik!

Es lohnt sich also, Marzipan selbst zu machen, auch wenn Du Dir dafür etwas mehr Zeit nehmen musst.

Zutaten
300g   Puderzucker
300g   Mandeln, gemahlen
2 EL   Rosenwasser (aus der Apotheke)

Zuerst den Puderzucker feinsieben, dann die gemahlenen Mandeln und das Rosenwasser hinzugeben.

Alles portionsweise in einer Küchenmaschine mahlen, bis die Masse bindet und die Konsistenz von Marzipan erhält.

Info: Falls gewünscht, kannst Du noch ein Aroma dazumischen, wie z.B. Bittermandel-öl oder etwas geriebene Orangenschale.

Fondant

Fondant ist eine zarte Einschlagmasse und eignet sich bestens zum Einkleiden von Tortenträumen oder Petit Fours. Komplett eingekleidete Fondant-Torten bleiben innen aufgrund der Zuckermasse besonders lange frisch.

Es gibt schon fertiges Fondant zu kaufen, allerdings verwenden die meisten Hersteller Gelatine. Aber Du kannst Fondant auch ganz einfach selber machen!

Zutaten

60ml	Wasser
20g	Agar-Agar
110ml	Glucose- oder Zuckerrübensirup
20ml	Glycerin
5 EL	Pflanzenfett
900g	Puderzucker

Das Wasser im Wasserbad erwärmen und das Agar-Agar einrühren

Den Sirup zusammen mit dem Glycerin und dem Pflanzenfett hinzufügen und verrühren, bis die Masse gleichmäßig warm ist.

Nun die Schale aus dem Wasserbad nehmen und den feingesiebten Puderzucker mit einem Löffel langsam einrühren. Sobald die Masse anfängt, zu binden, diese zu einem Ball verkneten.

Nun die Masse auf einer mit Puderzucker bestäubten Arbeitsfläche so lange kneten, bis sie glatt und zart ist und sich keine Risse mehr bilden.

Sollten sich weiterhin Risse bilden, kannst Du noch etwas Pflanzenfett unterkneten.

Bitte verwende für die Arbeitsfläche keine Stärke, diese macht den Fondant rissig und trocken.

Der Fondant lässt sich nun gut weiterverarbeiten und auch einfärben.

Modellierfondant

Modellierfondant eignet sich bestens zum Formen von größeren Figuren oder Deko-elementen. Er ist einfach zu verarbeiten, benötigt aber eine gewisse Trockenzeit. Deshalb die Dekoteile mindestens einen Tag vor der Tortenfertigstellung erstellen und über Nacht trocknen lassen.

Info: Modellierfondant ist nicht für feine Buchstaben, Blüten usw. geeignet. Dafür solltest Du besser Blüten-Paste verwenden!

Zutaten

1 TL	Traganth

Es wird außerdem benötigt:
Fondant (Seite 17)

Den Fondant mit dem Traganth verkneten und in Frischhaltefolie verpackt über Nacht ruhen lassen, damit das Traganth quellen kann. So bekommt die Masse die richtige Konsistenz!

Ganache

Wenn Torten mit Schokolade umhüllt sind, handelt es sich selten um richtige Schokolade. Meist ist es Ganache, welche durch die verwendete Schlagcreme und Margarine schön zart ist.

Mit Ganache lassen sich Torten wunderbar einkleiden, da Ganache schnittfest antrocknet, so dass die Außenschicht der Torte beim Anschneiden nicht bricht.

Um Ganache mit der richtigen Temperatur auf die Torte aufzutragen, brauchst Du schon etwas Geschick. Also nicht ungeduldig sein! Die warme Masse abkühlen lassen und erst dann mit dem Verstreichen beginnen.

Zutaten

225g	Schokolade
200ml	vegane Schlagsahne
45g	Margarine

Die Schokolade feinhacken und in eine Schüssel geben.

Die Schlagcreme im Wasserbad erwärmen und mit der weichen Margarine in die Schüssel mit der Schokolade geben.

Nun so lange Rühren, bis eine gleichmäßig zarte Masse entsteht, dann auskühlen lassen, bis sich die Ganache gerade eben verstreichen lässt.

Damit die Torte einkleiden und Unebenheiten mit einem heißen Messer glätten.

Blüten-Spritzcreme

Eine schöne und stimmige Dekoration ist das A und O für ein zauberhaftes Ergebnis. Möglichkeiten gibt es viele und den Ideen sind keine Grenzen gesetzt. Eine Dekoration mit aufgespritzen Elementen kann natürlich einen sehr persönlichen Bezug haben, wie z.B. einen Namen, oder auch einfach nur der Dekoration dienen. Mit dieser Creme lassen sich gespritzte Blütenträume verwirklichen.

Zutaten

250g	Margarine
500g	Puderzucker
2 TL	Reismilch
1	Ei-Ersatz
Mark einer Vanilleschote	

Alle Zutaten gut miteinander mischen, bis die Margarine nicht mehr klumpt.

Nun die passende Tülle aussuchen, die Creme in den Spritzbeutel füllen und loslegen. Nach dem Dekorieren unbedingt kalt stellen, da die Masse noch aushärten muss.

Info: Achte bei den Spritzbeuteln immer auf qualitativ hochwertiges, wiederverwendbares Material. Sie sind wesentlich reißfester als Einweg-Spritzbeutel und das Ergebnis sieht viel gleichmäßiger aus.

Blüten-Paste

Blüten-Paste eignet sich wunderbar für handgeformte Blumen und Blätter. Sie lässt sich sehr dünn ausrollen und gut formen. Allerdings müssen Dekorationen aus Blüten-Paste mindestens einen Tag trocknen.

Zutaten

230g	Puderzucker
2 EL	Ei-Ersatz
3 TL	Traganth

Den Puderzucker teilen.
Eine Hälfte mit dem Ei-Ersatz im Mixer auf höchster Stufe aufschlagen. Nach ca. 2 Minuten sollten weiche Spitzen entstehen. Dann das Traganth langsam dazugeben, bis die Masse zäh wird.

Anschließend eine Arbeitsfläche mit Puderzucker bestäuben und die Hände etwas einfetten, das klappt am besten mit Kokosfett. Nun die zweite Hälfte Puderzucker so lange einkneten, bis eine weiche Masse entsteht. Diese sollte nicht mehr kleben und sich gut ausrollen lassen.
Die fertige Masse muss nun noch für 24 Stunden in den Kühlschrank, erst dann ist sie perfekt für die Weiterverarbeitung.

Royal-Icing-Zuckerguss

Dieser Zuckerguss eignet sich für Beschriftungen, ist eine tolle Umhüllung für Petit Fours und eine schöne Glasur für Muffins.

Zutaten

1/4 TL	Zitronensaft
3	Ei-Ersatz
500g	Puderzucker
5ml	Glycerin

Den Zitronensaft zum Ei-Ersatz geben.
Nun den Puderzucker einrühren, bis die gewünschte Konsistenz erreicht ist.
Zuletzt das Glycerin dazugeben, es hält das Icing geschmeidig.
Vor Gebrauch mindestens 1 Stunde kalt stellen und dann kurz durchrühren, um Luftblasen zu entfernen.

Info: Wenn Du den Zuckerguss für Beschriftungen verwenden möchtest, kannst Du das Glycerin weglassen.

DEKORATION

Frisches und duftendes Gebäck überzeugt meist schon durch seinen unwiderstehlichen Geschmack. Aber manchmal soll es doch etwas Besonderes sein und der Kuchen muss in ein „neues Kleidchen" schlüpfen. So lassen sich wunderbare Geschenke, Überraschungen und persönliche Widmungen kreieren.

Die richtige Dekoration rundet das Gesamtbild ab.

Am schönsten ist es natürlich, die Verzierungen dem jeweiligen Anlass anzupassen oder das Gebackene unter ein Motto zu stellen. Über so ein persönliches Kunstwerk freut

sich wirklich Jede_r und es ist immer viel zu schnell verputzt.

Basics sind natürlich Dekoelemente wie Schleifen, Herzen oder Rosen, Bänder, Beschriftungen und Schmetterlinge.

Für einige Motive gibt es schöne Ausstecher und Formen, andere müssen per Hand gemacht werden, wie die meisten individuellen Zuckerstücke.

Ich möchte Euch nun einige Techniken näherbringen und Beispielbilder für weitere Dekorationen zeigen.

Schleifen

Zuckerschleifen verzaubern jedes Backwerk. Sie passen nicht nur zu Torten, sondern auch auf Muffins. Für diese Schleifen eignet sich am besten Modellierfondant oder Blüten-Paste.

Die Masse dünn ausrollen und daraus einen rechteckigen Streifen, zwei längere dünne rechteckige Streifen und einen Streifen für das „Mittelband" ausschneiden.

Vom größeren Streifen jeweils die Ecken ab-

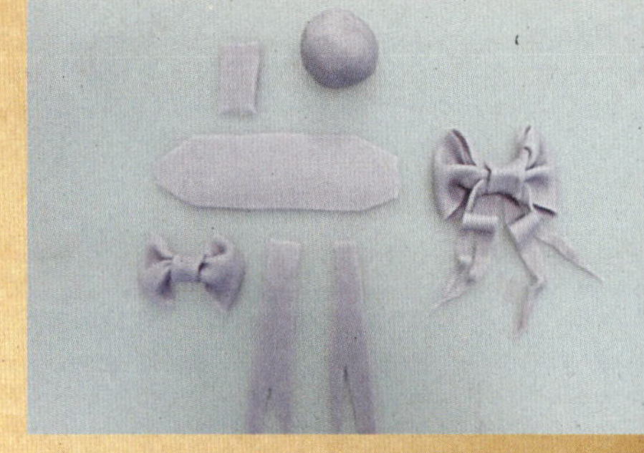

schneiden (siehe Foto) und die Enden mittig zusammenlegen.

Nun die beiden dünneren Streifen in „Bandform" schneiden (am besten mit einem Cutter) und passend anlegen.

Das Mittelband darum legen, so dass zu jeder Seite eine Schleife entsteht und ein Bändchen rausschaut.

Dann die Enden miteinander verstreichen, so dass die Schleife hält.

Nun kann die Schleife noch etwas in Form gebracht werden und muss anschließend für ca. 2 Stunden trocknen.

Ribbon Roses

Diese süßen Rosen erinnern an zarte Stoffrosen und lassen sich mit ein wenig Übung einfach von Hand formen.

Für die Rosen eignet sich am besten Modellierfondant.

Den Modellierfondant dünn ausrollen und in einen rechteckigen Streifen schneiden.

Die Größe des Streifens entscheidet über die Größe der Rose, d.h. Du solltest Dir vorher überlegen, wie groß Deine Rose in etwa werden soll.

Den Streifen nun längs zusammenlegen und die Enden miteinander verstreichen, so dass eine Art Band entsteht.

Nun von einer Seite das Band aufrollen und zwar so, dass die abgerundete Seite des Bandes oben ist. Am besten ganz eng beginnen und dann das Band zwischen Daumen, Zeige- und Mittelfinger hochnehmen. Mit der anderen Hand das Band weiter locker anlegen und am unteren Ende festdrücken. Und schon entsteht die Rose. Diese muss nun auch ca. 2 Stunden trocknen, am besten bei Raumtemperatur.

Perlen

Perlen bzw. Kugeln eignen sich besonders für den Rand von Torten und sind meist aus Fondant oder Marzipan. Modellierfondant wäre dafür zu fest.

Die Kugeln lassen sich am besten von Hand, in der Mitte der Handfläche, mit kreisenden Bewegungen formen.

Zuerst den Fondant weichkneten und dann zu einer gleichmäßig dünnen Rolle ausrollen. Von dieser kannst Du dann kleinere, gleich große Stücke abschneiden und formen.

Blätter, Blüten und Co.

Im Handel gibt es einige hilfreiche Formen, z.B. für Blätter, Herzen oder Tiere.
Ich öle die Formen vorher immer mit etwas Kokosfett ein, dann lässt sich das Fondant bzw. Marzipan sehr leicht herauslösen.

Individuelle Motive

Besonders schön sind persönliche Dekorationen, z.B. mit handgeformten Figuren.
Zwar brauchst Du dafür etwas Übung und

Zeit, aber es macht einfach viel Freude, aus einem Stück Fondant ein kleines Kunstwerk zu schaffen.
Zuerst solltest Du genau wissen, was Du formen möchtest und was Du dafür brauchst. Lege Dir also alle Utensilien und den Modellierfondant in den richtigen Farben zurecht.
Bei Figuren fange ich immer mit dem Grundkörper an und setze nach und nach Beine, Arme und Details an. Erst als letztes setze ich den bereits fertig modellierten Kopf auf den Körper.

Damit beim Zusammensetzen nichts reißt oder bricht, empfiehlt es sich, die einzelnen Elemente vorab immer gut trocknen zu lassen.
Bei größeren Figuren empfehle ich der Figur ein Skelett zu geben, z.B. aus Holzspießen.

VEGAN
COMPASSION
HAS NEVER
TASTED
SO DELICIOUS

VEGAN

COOKIES

Cookies - eigentlich große, runde Kekse - sind in Deutschland noch nicht so populär wie in Nordamerika oder England. Das ist schade, denn sie schmecken fantastisch und sind nicht schwer zu machen. Meist sind Cookies „chewy", also nicht superknusprig, sondern eher weich.

CUTE-CINNAMON-COOKIES

Zimtkekse gehören einfach zu Weihnachten.

Für alle, die wie ich das ganze Jahr hindurch Kekse, Cremes und Kuchen mit Zimt und Co naschen können, ist dieses Rezept genau das Richtige. Diese Cookies sind einfach lecker!

Sie halten sich in der Keksdose besonders lange und sind schön verpackt mit Schleife drum herum ein tolles Mitbringsel!

ZUTATEN

2	*Äpfel*
3	*Ei-Ersatz*
250g	*Margarine*
250g	*Erdnussbutter*
500g	*brauner Zucker*
200g	*Haferflocken*
20g	*Kokosraspeln*
250g	*Schokolade, gehackt*
250g	*Mehl*
250g	*Mandeln, gehackt*
2 TL	*Backpulver*
1 TL	*Salz*
1 TL	*Zimt*
1/2 TL	*Koriander*
3 TL	*Vanilleextrakt*

ZUBEREITUNG

Zuerst den Apfel feinreiben und den Ei-Ersatz anrühren.

Anschließend die Margarine mit der Erdnussbutter cremig rühren, dann nach und nach alle anderen Zutaten untermischen und zu den geriebenen Äpfeln geben.

Die Masse nun eine halbe Stunde kalt stellen. Dann den Teig mit einem Löffel auf ein mit Backpapier ausgelegtes Blech geben.

Bei 180°C Ober- und Unterhitze für 10-12 Minuten im Ofen backen.

VANILLE-KIPFERL

Früher habe ich Vanille-Kipferl geliebt. Für mich waren sie der Inbegriff von Weihnachten und ich erinnere mich noch heute, wie schön es war, mit meiner Mutter in der Küche zu stehen und Kipferl zu formen.
Aber früher war eben früher und das Rezept meiner Mutter mit Ei und Butter. Doch es geht auch ohne und schmeckt meiner Meinung nach noch vieeeeel besser!

ZUTATEN

2	*Vanilleschoten*
200g	*Mehl*
50g	*Rohrohrzucker*
100g	*Mandeln*
150g	*Margarine*
	Puderzucker

ZUBEREITUNG

Zuerst die Vanilleschoten aufschneiden und das Mark herauskratzen.

Dann das Mehl, den Zucker, die Vanille, die feingemahlenen Mandeln und Margarine zu einem Teig verkneten und eine halbe Stunde ruhen lassen.

Aus dem Teig eine Rolle mit einem Durchmesser von ungefähr 4cm formen und in ca. 1,5cm dicke Scheiben teilen. Diese nun zu Kipferl formen und auf ein mit Backpapier ausgelegtes Backblech legen.

Die Kipferl 10-15 Minuten im vorgeheizten Ofen bei 175°C Umluft backen. Aber Vorsicht: Sie dürfen nicht braun werden!

Nach dem Herausnehmen die Kipferl kurz abkühlen lassen und mit Puderzucker übersieben.

VANILLA-GINGER-COOKIES

„Ich liebe Kekse!" Das kann nicht nur das Krümmelmonster von sich behaupten. Sie passen immer und überall, sind schnell gemacht und bieten zahlreiche Variationsmöglichkeiten. Vanille-Ingwer Kekse sind eine gelungene Mischung aus Mürbeteig, zarter Vanille und aromatischem Ingwer. Der Ingwer gibt dem Keks einen besonderen Geschmack. Für Alle, die sich gar nicht mit Ingwer anfreunden können: Einfach den Ingwer mit einer anderen Zutat ersetzen! Wie wäre es z.B. mit Vanille-Zitronenkeksen oder Vanille-Kokoskeksen?

ZUTATEN

220g	Margarine
140g	Rohrohrzucker
2 TL	Ingwerpulver oder 5 TL frisch geriebener Ingwer
320g	Mehl
1 Pck	Backpulver
2	Vanilleschoten

ZUBEREITUNG

Die weiche Margarine mit dem Zucker und Ingwer schaumig schlagen.

Das Mehl mit dem Backpulver vermengen, samt dem Mark der Vanilleschoten zu der Margarine geben und zu einem festen, aber noch klebrigen Teig verarbeiten.

Anschließend den Teig auf einem Backblech mit Backpapier oder einer mit Puderzucker bestäubten Arbeitsfläche ausrollen, damit der Teig nicht festklebt.

Dann die Kekse ausstechen, z.B. in Sternform, zu Herzchen oder Buchstaben.

Bei 200°C Umluft im vorgeheizten Ofen auf mittlerer Schiene etwa 12-15 Minuten backen.

Nach dem Abkühlen lassen sich die Kekse gut dekorieren, z.B. mit einer schönen Zuckerglasur.

WATERMELON-COOKIES

Sind sie nicht süß? Als ich sie das erste Mal entdeckte, war ich absolut hingerissen. Sie sind nicht nur „chewy" und sehr lecker, sondern auch eine tolle Geschenkidee. In schönen Tütchen verpackt oder kreativ angerichtet, sind sie ein absoluter Hingucker auf der nächsten Gartenparty.

ZUTATEN

150g	Margarine
1	Vanilleschote
130g	Puderzucker
2	Ei-Ersatz
1 TL	Hefe
1 TL	warmes Wasser
360g	Mehl

Lebensmittelfarbe in Rot, Grün und Braun

ZUBEREITUNG

Zuallererst die Margarine mit dem Mark der Vanilleschote und dem Puderzucker schaumig schlagen.

Den Ei-Ersatz mit etwas Wasser aufschlagen und dazugeben.

Die Hefe mit dem warmen Wasser verrühren und mit dem Mehl zu der Masse geben. Daraus nun einen gleichmäßigen Teig kneten.

Den Teig in zwei gleich große Stücke teilen. Die eine Hälfte nochmals in der Mitte teilen, so dass ein größerer und zwei kleinere Klumpen entstehen. Von einem der kleineren nochmals ein Stück abnehmen, etwa in der Größe einer Pflaume.

Nun das größte Stück in rot, das Mittlere grün, das Kleinere überhaupt nicht und das kleinste Stück in braun einfärben.

Aus dem roten Teig eine Rolle formen. Den hellen Teig ausrollen und damit die rote Teigrolle komplett ummanteln.

Den grünen Teig ebenfalls ausrollen und damit die nun helle Teigrolle umhüllen. Mit Frischhaltefolie einschlagen und kalt stellen, am besten über Nacht im Kühlschrank. Den braunen Teig einzeln in Folie einschlagen und dazulegen.

Nach dem Kühlen in ca. 1cm breite Streifen schneiden, diese teilen und auf einem mit Backpapier ausgelegten Backblech verteilen.

Nun den braunen Teig auspacken, kleine „Kerne" formen und auf die „Melonenstücke" verteilen.

Die Cookies sind bei 190°C Umluft in ca. 12-15 Minuten fertig gebacken.

Dieses Grundrezept lässt zahlreiche Variationsmöglichkeiten zu, weil die Macadamia-Nüsse und die Schokolade mit z.B. Cranberries oder veganen Smarties („Buntinies") ersetzt werden können. Yummy!

WHITE-CHOCOLATE-MACADAMIA-COOKIES

ZUTATEN

300g	Mehl
1 TL	Backpulver
1/2 TL	Salz
1/2 TL	Zimt
1	Vanilleschote
125g	Margarine
190g	Rohrohrzucker
2	Ei-Ersatz
200g	Macadamia-Nüsse, gehackt
150g	weiße Schokotropfen oder
	Schokolade, gehackt

ZUBEREITUNG

Das Mehl mit dem Backpulver, Salz und Zimt vermischen.

In einer weiteren Schüssel die Margarine mit dem Zucker schaumig schlagen.

Den Ei-Ersatz und das Vanillemark dazugeben, die Mehlmischung hinzugeben und alles nochmals gut aufschlagen.

Die Macadamia-Nüsse und Schokolade zerhacken und vorsichtig unterheben.

Den Teig mit einem Löffel auf einem mit Backpapier ausgelegten Backblech verteilen. Dabei immer etwa 5cm Platz zwischen den einzelnen Cookies lassen.

Bei 190°C Ober- und Unterhitze etwa 10-12 Minuten auf mittlerer Schiene im vorgeheizten Ofen backen, bis die Ränder leicht golden sind. Bei zwei Blechen im Ofen nach der Hälfte der Backzeit die Bleche tauschen, damit ein gleichmäßiges Ergebnis entsteht.

CUPCAKES

Cupcakes sind etwas ganz Besonderes! Sie sind wie ein kleines Stück Torte, machen aber viel weniger Arbeit. Du kannst sie schnell noch backen, wenn Du mal wieder einen Geburtstag vergessen hast, oder das Backen von Cupcakes ausgiebig zelebrieren und umfangreich dekorieren. Cupcakes passen zu jeder Jahreszeit und du kannst die wildesten Kreationen zaubern.

Ein Cupcake besteht prinzipiell aus einem Muffin und einem Topping.

Das Topping kann eine Creme, ein Frosting oder auch eine Mousse sein. Es muss nur fest genug sein, damit Du es mit einer Tülle aufspritzen kannst und es seine Form behält. Wenn das Topping zu weich ist, sieht Dein Cupcake schnell wie Schokolade in der Sonne aus, nämlich verlaufen!

Die folgenden Rezepte sind immer für etwa 12 Muffins ausgelegt. Natürlich kommt es dabei auch auf die Menge an Teig an, die Du in jedes Förmchen füllst. Ich mache das übrigens immer mit einem

Eiskugel-Portionierer, so hast Du immer dieselbe Füllmenge und das Einfüllen gelingt besonders leicht. Ich backe die Cupcakes in Papier-Muffinförmchen. Am liebsten diese richtig großen Förmchen, damit die Cupcakes auch riesig werden und viel Platz für Topping und Deko ist.

Die schönste Auswahl an Muffinförmchen gibt es im Internet, im Supermarkt kannst Du aber auch welche finden. Das ist praktisch, wenn es mal wieder schnell gehen muss!

COCOS-HAWAII-PASSION-CUPCAKES

Saftig, süß und doch erfrischend! Diese sommerlichen Cupcakes zaubern garantiert ein sonniges Lächeln ins Gesicht!

ZUTATEN FÜR DEN TEIG

170ml	Sojamilch
1 EL	Apfelessig
300g	Mehl
1 EL	Stärke
1 EL	Kokosflocken
1 EL	Backpulver
1	Messerspitze Salz
190g	Puderzucker
125g	Margarine
80ml	Kokosmilch

ZUBEREITUNG

Die Sojamilch mit dem Essig verrühren und kurz stehen lassen, bis die Milch etwas flockt.

Alle trockenen Zutaten bis auf den Puderzucker miteinander mischen. Diesen separat mit der Margarine aufschlagen.

Anschließend alles zusammen in einer Schüssel mischen und die Kokosmilch hinzugeben.

Den Teig in Muffinförmchen füllen und im vorgeheizten Backofen bei 190°C Ober- und Unteritze ca. 20 Minuten backen.

ZUTATEN FÜR DAS FROSTING

150g	*Streichkäse-Alternative, z.B. von BUTE ISLAND*
125g	*Margarine*
500g	*Puderzucker*
60g	*Ananas, püriert (frisch oder aus der Dose)*

Passionsfruchtsirup oder Maracuja-Marmelade

ZUBEREITUNG

Die vegane Streichkäse-Alternative mit der Margarine zu einer glatten Masse rühren und den Puderzucker hinzugeben.

Anschließend die pürierte Ananas hinzufügen, nochmals aufschlagen und kalt stellen.

Die Creme auf die Muffins streichen, etwas Sirup in die Mitte geben und mit einem Zahnstocher sternförmig nach Außen verziehen. So entsteht ein schönes Muster!

Info: Das Frosting lässt sich gekühlt besser verarbeiten!

SECRET-CHOCOLATE-MUFFINS MIT FROSTING

ZUTATEN FÜR DEN TEIG

240ml	Wasser
30g	Kakaopulver
160g	vegane Mayonnaise, z.B. von PLAMIL
2 EL	TOFUTTI Sour Cream
150g	Mehl
200g	Rohrohrzucker
60g	Speisestärke
2 TL	Backpulver

ZUBEREITUNG

In einem Topf das Wasser zusammen mit dem Kakaopulver aufkochen, dann auf Zimmertemperatur abkühlen lassen.

Nun die Mayonnaise und Sour Cream unterheben, glattrühren und die Masse in eine Schüssel füllen.

Anschließend die restlichen Zutaten miteinander mischen, in die Schüssel geben und vermengen.

Den recht flüssigen Teig halbhoch in Muffinförmchen füllen und für ca. 18-20 Minuten bei 190°C Ober- und Unterhitze in den Ofen schieben.

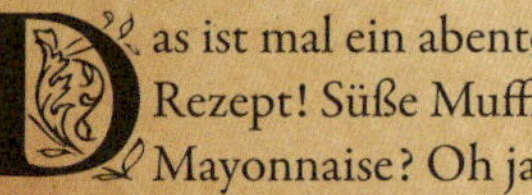

Das ist mal ein abenteuerliches Rezept! Süße Muffins mit Mayonnaise? Oh ja!

ZUTATEN FÜR DAS FROSTING

400g	weiße Schokotropfen oder Schokolade, gehackt
600g	TOFUTTI Sour Cream
150g	Margarine

ZUBEREITUNG

Die Schokotropfen im Wasserbad schmelzen und zur Seite stellen, bis sie etwas abgekühlt sind.

Dann die Sour Cream mit der Margarine aufschlagen und langsam die noch flüssige Schokoladenmasse unterrühren.

Im Anschluss das gut gekühlte Frosting auf die ausgekühlten Muffins streichen oder mit einem Spritzbeutel auftragen.

Tipps für Muffins:

- Die Muffinschälchen immer nur bis zur Hälfte mit Teig befüllen!
- Teig lässt sich mit einem Eisportionierer besonders einfach in die Muffinschälchen füllen!
- Muffins immer gut auskühlen lassen!
- Ergänze die Muffinrezepte doch mal mit frischen Früchten, Schokoraspeln oder Nüssen!

STRAWBERRY-CHOCOLATE-CUPCAKES

ZUTATEN FÜR DEN TEIG

Liebster-Liebster-Schokokuchen
(Seite 66)

ZUBEREITUNG

Den Schokoteig zubereiten und in Muffinförmchen geben. Bei 200°C Ober- und Unterhitze ca. 20 Minuten backen.

Mit einem Holzstäbchen lässt sich ganz einfach testen, ob die Muffins fertig sind (Seite 65).

Die Muffins im Ofen auskühlen lassen und erst weiterverwenden, wenn sie komplett ausgekühlt sind.

Für diese Cupcakes eignet sich das Rezept vom „Liebsten-Liebsten-Schokokuchen" ganz wundervoll. Sie sind hinreißend saftig, super aromatisch und vor allem schön schokoladig.

ZUTATEN FÜR DAS FROSTING

500ml	*Vegane Schlagsahne*
1	*Vanilleschote*
2 Pck	*Sahnesteif*
150g	*Erdbeeren (frisch oder tiefgekühlt), püriert*
3 EL	*Erdbeer-Marmelade*

ZUBEREITUNG

Die Schlagcreme einige Zeit kalt stellen. Nach dem Öffnen die überschüssige Flüssigkeit abgießen und die Creme kräftig aufschlagen.

Die Vanilleschote teilen, auskratzen und zu der Schlagcreme geben.

Nun das Sahnesteif hinzugeben und aufschlagen.

Die Erdbeeren im Mixer pürieren und zusammen mit der Marmelade unter die Sahne rühren. Dann die Masse erneut aufschlagen und in den Kühlschrank stellen.

Die kalte Creme mit einem Spritzbeutel auf die Muffins geben und nach Belieben dekorieren, z.B. mit einer Schoko-Blüte.

PISTAZIEN-MARZIPAN-CUPCAKES

Diese aromatischen Cupcakes machen nicht nur einen edlen Eindruck, sondern schmecken auch fantastisch. Das feine Aroma der Creme erinnert an leckeres Pistazieneis!

ZUTATEN FÜR DEN TEIG

400g	Mehl
8 EL	Mandeln, gemahlen
200g	Rohrohrzucker
4 TL	Backpulver
60ml	Sojamilch
3 El	Apfelessig
2 El	Sonnenblumenöl
250g	Marzipan

ZUBEREITUNG

Mehl, Mandeln, Zucker und Backpulver in einer Schüssel mischen.

Die Sojamilch mit dem Apfelessig mischen und kurz stehen lassen, bis sie etwas „ausflockt" und mit dem Öl zu den trockenen Zutaten geben.

Alles gut mischen und mit einem Mixer aufschlagen, bis ein zäher Teig entsteht.

Nun die Marzipanmasse in kleine Stücke teilen und unterheben.

Den Teig in Muffinförmchen füllen und bei 180°C Ober- und Unterhitze ca. 20 Minuten backen.

ZUTATEN FÜR DAS FROSTING

125g	Pistazien, gehackt
6 EL	Karamellsirup
500ml	Vegane Schlagsahne
2 Pck	Sahnesteif

ZUBEREITUNG

Die Pistazien feinhacken (oder gleich gehackt kaufen), kurz anrösten und in der Küchenmaschine feinmahlen.

Dann den Karamellsirup hinzugeben und zu einer feinen Paste verarbeiten.

Die überschüssige Flüssigkeit der Schlagcreme abgießen und kräftig aufschlagen.

Die Pistazienpaste zu der Schlagcreme geben, das Sahnesteif hinzufügen und gut aufschlagen. Vor dem Weiterverarbeiten in den Kühlschrank stellen, so lässt sich die Creme später viel besser verwenden.

Im Anschluss die Muffins nach Belieben mit der fertigen Creme dekorieren.

Krokant-Karamell-Cupcakes mit Vanilla-Buttercream

Zutaten für den Teig

5	Ei-Ersatz
225g	Margarine
300g	Rohrohrzucker
350g	Mehl
2 TL	Backpulver
1/2 TL	Salz
130ml	Hafermilch
60ml	Karamellsirup
80g	Krokant

Zubereitung

Zuerst den Ei-Ersatz mit Wasser aufschlagen und zur Seite stellen.
Die Margarine mit dem Zucker schaumig rühren.
Dann das Mehl, Backpulver und Salz dazugeben und den Ei-Ersatz unterrühren.
Die Hafermilch und den Karamellsirup langsam hinzugeben und den Teig gut durchmixen.
Nun vorsichtig das Krokant unterheben und den Teig in Muffinförmchen geben.
Bei 180°C Ober- und Unterhitze ca. 20 Minuten backen.

Diese Cupcakes sind eine Sünde wert und die Buttercreme schmeckt einfach himmlisch!

ZUTATEN FÜR DIE CREME

225g	*Margarine*
700g	*Puderzucker*
80ml	*Hafermilch*
1 Pck	*Vanillepuddingpulver*
2	*Vanilleschoten*

ZUBEREITUNG

Die weiche Margarine mit der Hälfte des Puderzuckers, der Hafermilch, dem Puddingpulver und dem Mark der beiden Vanilleschoten etwa 5 Minuten cremig aufschlagen.

Dann nach und nach den Rest des Puderzuckers einrieseln lassen und aufschlagen, bis die gewünschte Konsistenz entsteht.

Info: Bevor die Creme auf die erkalteten Muffins aufgespritzt werden kann, muss sie einige Zeit im Kühlschrank kalt gestellt werden.

VANILLA-NUTS-MUFFINS

Vanille-Muffins mit einer wunderbaren Nussfüllung passen immer und sind einfach lecker!

ZUTATEN FÜR DEN TEIG

150g	*Margarine*
130g	*Rohrohrzucker*
1 Prise	*Salz*
1	*Vanilleschote*
150g	*Mehl*
20g	*Speisestärke*
2 TL	*Backpulver*
3	*Ei-Ersatz*
3 EL	*Vanille-Sojamilch*

ZUBEREITUNG

Die Margarine mit dem Zucker, Salz und dem Mark einer Vanilleschote cremig schlagen.

Anschließend das Mehl, die Stärke und das Backpulver zu der Margarine geben, den Ei-Ersatz unterrühren und mit der Sojamilch mischen, bis ein zäher Teig entsteht. Achtung: Noch nicht backen!

ZUTATEN FÜR DIE FÜLLUNG

125g   Haselnüsse, gemahlen
40g   Rohrohrzucker
1 TL   Zimt
4 EL   Karamellsirup

ZUBEREITUNG

Die gemahlenen Haselnüsse mit dem Zucker in einer Pfanne ohne Öl kurz anrösten, Zimt und Karamellsirup dazugeben und alles gut miteinander vermischen.

Nun jeweils 1 EL des Teigs in ein Muffinförmchen füllen, dann 1 TL der Nussfüllung auf den Teig geben und mit einem weiteren EL von der Teigmischung abdecken.

Im vorgeheizten Backofen bei 180°C Ober- und Unterhitze ca. 20 Minuten backen.

Info: Dazu passt die Caramel-Buttercream (Seite 54)!

CREAMS & FROSTINGS

Die hier beschriebenen Cremes eignen sich nicht nur als Topping auf Cupcakes, sondern auch perfekt für Tortenfüllungen. Ich benutze eine Creme sehr gerne als erste Umhüllung einer Torte, denn so wird die Außenseite schön glatt und Du kannst Lücken ziemlich gut ausbessern. Beim Auftragen bzw. Aufspritzen muss das Frosting immer gut gekühlt sein!

ORANGE-CHOCOLATE-MOUSSE

Vielleicht erinnerst Du Dich auch noch an diese Softcakes, die nach Orangen schmecken?! Wenn nicht, dann hilft Dir diese Creme vielleicht auf die Sprünge. Sie ist nicht nur schokoladig und fluffig-leicht, sondern auch fruchtig-orangig.

Die Mousse eignet sich als Topping für Cupcakes, aber auch als Tortenfüllung.

Achte beim Kauf auf ungespritzte Früchte, da in diesem Rezept die Schale mitverarbeitet wird.

ZUTATEN

200g	Zartbitterschokolade
2	Vanilleschoten
400g	Seidentofu
3 EL	Kakaopulver
2-3 TL	Guarkernmehl
80g	Puderzucker
4	Orangen, davon Schale und Saft (3 EL)
250g	Vegane Schlagsahne

ZUBEREITUNG

Die Schokolade im Wasserbad schmelzen und etwas abkühlen lassen.

Das Mark der Vanilleschote, den Seidentofu und das Kakaopulver verrühren, dann zur flüssigen Schokolade geben.

Orangensaft, Puderzucker und Guarkernmehl dazugeben und vermengen. Die Schlagcreme separat aufschlagen und unter die Masse heben.

Danach die geriebene Orangenschale zugeben und nochmals abschmecken. Die Creme über Nacht in den Kühlschrank stellen und erst am Folgetag weiterverarbeiten.

LEMONCURD

Lemoncurd ist mehr als eine Buttercreme. Es ist ein englischer Zitronenaufstrich, der einfach fantastisch schmeckt.
Die Creme eignet sich bestens zum Füllen von Torten, Biskuit-Rollen und für den leckersten Zitronenkuchen, den ihr je gemacht habt!

ZUTATEN

160g	*Margarine*
500g	*Puderzucker*
50ml	*Vegane Schlagsahne*
3	*Zitronen, davon Schale und Saft*
3	*Ei-Ersatz*

ZUBEREITUNG

Die Margarine in einen Topf geben und bei sehr niedriger Temperatur schmelzen lassen.
Den Puderzucker, die Schlagcreme, den Zitronensaft und die abgeriebenen Zitronenschalen hinzufügen, einrühren und den Topf vom Herd nehmen.

Den Ei-Ersatz mit Wasser aufschlagen und dazugeben.
Nun so lange rühren, bis eine feine, aber streichfähige Creme entsteht.
Lemoncurd kann nach dem Abkühlen direkt verwendet oder in ein verschließbares Glas gefüllt werden.

CARAMEL-BUTTERCREAM

Tipps für Cremes:

- Ganache (Seite 18) kannst Du auch einen Tag vorher zubereiten. Kurz vor der Verarbeitung nochmal aufschlagen!
- Torten lassen sich auch mit Ganache toll verzieren und einkleiden!
- Cremes immer kalt stellen!
- Nie eine Creme auf noch warmen Kuchen aufstreichen!
- Für Buttercreme eignet sich besonders Margarine von Alsan!
- Du kannst mit den Rezepten auch eigene Geschmacksrichtungen kreieren!

ZUTATEN

900g	Margarine
80ml	Sojamilch, lauwarm
60ml	Karamellsirup
1	Vanilleschote
330g	Puderzucker

ZUBEREITUNG

Die Margarine mit der Sojamilch, dem Sirup und dem Mark der Vanilleschote cremig rühren.

Dann mit dem Puderzucker nach und nach aufschlagen.

CHOCOLATE-BUTTERCREAM

ZUTATEN

300g	*Zartbitterschokolade*
30ml	*Sojamilch, lauwarm*
1	*Vanilleschote*
450g	*Margarine*
500g	*Puderzucker*

ZUBEREITUNG

Die Schokolade im Wasserbad zum schmelzen bringen.

Die Sojamilch und das Mark der Vanilleschote zu der Margarine geben und cremig rühren.

Dann die leicht abgekühlte Schokolade unterrühren und mit dem Puderzucker nach und nach aufschlagen.

SPARKLING·STRAWBERRY·BUTTERCREAM

iese Creme ist durch den Sekt und das Erdbeermark eine tolle Abwechslung und geschmacklich ein echtes Highlight.

ZUTATEN

250ml	Sekt
1 Pck	Vanillepuddingpulver
250g	Margarine
300g	Puderzucker
4 TL	Erdbeermark

ZUBEREITUNG

Aus dem Sekt und dem Vanillepuddingpulver einen Pudding kochen und abkühlen lassen.

Anschließend die Margarine zusammen mit dem Puderzucker schaumig rühren und zu dem Pudding geben.

Das Erdbeermark unterrühren und alles kräftig aufschlagen. Fertig!

WHITE-GANACHE

Die Ganache wird nach dem Abkühlen schön fest, bleibt aber zart genug, um sie gut zu schneiden, so dass Tortenumhüllungen beim Anschnitt nicht gleich brechen.

ZUBEREITUNG

Die Schokotropfen im Wasserbad schmelzen und zur Seite stellen, bis sie etwas abgekühlt sind.

Die Schlagcreme mit der weichen Margarine aufschlagen, die Schokolade langsam unterrühren und kalt stellen.

Info: Ganache lässt sich natürlich noch mit Aroma verfeinern. Wer möchte, kann auch auf aromatisierten Sirup zu-rückgreifen, allerdings geben natürliche Zutaten, wie geriebene Orangenschalen oder das Mark einer Vanilleschote, dem Ganache eine abwechslungsreichere Note.

Variation: Für Kokosganache kannst Du einfach 100ml Schlagcreme durch die gleiche Menge Kokosmilch ersetzen.

ZUTATEN

400g	weiße Schokotropfen oder Schokolade, gehackt
200g	Vegane Schlagsahne
50g	Margarine

WHIPPED-CREAM

Sahnefüllungen eignen sich besonders für lockere, fluffige Torten. Ich benutze die Whipped-Cream gerne für fruchtige Leckereien, z.B. für eine Himbeer-Sahnetorte.

Das Rezept lässt sich natürlich beliebig abwandeln bzw. ergänzen, so z.B. mit Schokosplits, Kakao oder gehackten Früchten.

ZUTATEN

4 Dosen	Kokosmilch
	(mind. 16-20% Fettgehalt)
100g	Alsan Margarine
1	Vanilleschote
180g	gesiebter Puderzucker
5 Pck	Sahnesteif

ZUBEREITUNG

Die weiche Margarine mit dem Puderzucker und dem Mark der Vanilleschote schaumig schlagen. Bei der Kokosmilch (gut gekühlt!) den abgesetzten, ‚festen‘ Teil abnehmen und unter die Margarinemischung heben. Nun das Sahnesteif dazugeben und aufschlagen, bis eine sahneartige Konsistenz entstanden ist. Sollte es zu weich sein, kannst du noch etwas Sahnesteif dazugeben, sollte es zu fest sein, gib etwas Kokosmilch dazu.

Info: Aufgrund der weißen Farbe lässt sich die Creme besonders gut einfärben!

GOLDEN-MAPLE-CHEESE-CREAM

ZUTATEN

150g	Margarine
100g	Rohrohrzucker
100g	TOFUTTI Streichkäse (Natur)
100ml	Ahornsirup
400g	Puderzucker

ZUBEREITUNG

Zuerst die Margarine mit dem Zucker schaumig schlagen.

Nun den Streichkäse unterheben und den Ahornsirup dazugeben.

Den Puderzucker nach und nach einrieseln lassen und anschließend alles aufschlagen, bis die gewünschte Konsistenz erreicht ist.

Ahornsirup ist besonders typisch für die nordamerikanische Küche und wird dort gerne zu Waffeln, Pancakes oder anderen Desserts verzehrt. Außerdem passt der Saft des Zucker-Ahorns perfekt zu diesen Zutaten! Beim Kauf solltest Du darauf achten, dass der Sirup aus biologischem Anbau und fairem Handel stammt.

ZITRONEN-ZUCKERGLASUR

ZUTATEN

250g   Puderzucker
3-4 EL   Zitronensaft

ZUBEREITUNG

Den Puderzucker feinsieben und vorsichtig mit dem Zitronensaft mischen.

Für eine Kuchenglasur kann die Konsistenz etwas flüssiger sein, aber immer noch recht zähflüssig. Wenn Du die Masse für eine Beschriftung verwenden möchtest, dann sollte sie etwas fester sein. Dazu gegebenenfalls etwas weniger Zitronensaft verwenden.

Da die Glasur noch aushärten muss, nach dem Auftragen kalt stellen.

Info: Der Zuckerguss lässt sich auch wunderbar einfärben, z.B. mit Lebensmittelfarben. Du kannst auch Kirschsaft verwenden, aber dann solltest Du den Zitronensaft damit ersetzen!

PUNSCH-ZUCKERGLASUR

Dies ist eine weitere Zuckerguss-Variante ...und zwar in rosa!

ZUTATEN

250g	Puderzucker
2 EL	Rotwein (vegan!)
2 EL	Rum

ZUBEREITUNG

Wie gewohnt den Puderzucker sieben und dann ganz vorsichtig den Alkohol untermischen, bis die Konsistenz stimmt.

KUCHEN

Cakes Cakes Cakes! Ich kenne fast niemanden, der Kuchen nicht mag. Kuchen sind so wandelbar wie wir selbst und ich könnte jeden Tag einen neuen erfinden. Klassiker wie Zitronen- oder Schokokuchen sind schnell gemacht, begeistern aber jedes mal wieder. Besonders, wenn sie locker, saftig und natürlich gaaaaanz frisch sind! Vielleicht ist es gerade diese Einfachheit, die Kuchen so beliebt macht: Die Zutaten verrühren, in eine Form füllen und backen – Fertig!

Natürlich entscheiden die Zutaten und die Arbeitsweise über das Ergebnis. Aber mit ein wenig Geschick und vor allem Spaß beim Backen ist Abwechslung garantiert, denn jedes Rezept lässt sich ganz einfach abwandeln oder mit Zutaten ergänzen. So mancher Kuchen ist ein wahres Multitalent: er lässt sich füllen und umhüllen, dekorieren, gelingt in den verschiedensten Formen und ist der Grundbaustein für jede Torte.

BANANA-CAKE

Bananen sind nicht nur lecker, sie sind auch gesund und vielseitig.

Ob pur, im Obstsalat, als Shake oder im Kuchen, der aromatische Geschmack ist einzigartig. Damit Du diesen aber auch richtig genießen kannst, solltest Du beim Kauf darauf achten, wo die Bananen herkommen und wer der Lieferant ist. Die großen Plantagen schädigen durch die Verwendung von hochgiftigen Pestiziden Menschen, Tiere und deren Lebensräume in den Anbauländern. Ich empfehle daher Fair-Trade und Bio-Bananen! Sehr reife Bananen sind am aromatischsten und passen deshalb am besten in dieses Rezept. Der Teig eignet sich nicht nur für einen saftigen Kuchen, auch feine Muffins gelingen damit schnell und einfach.

Natürlich muss Dein Kuchen nicht so aussehen wie der auf dem Bild, aber ist es nicht eine tolle Idee, einen „einfachen Kuchen" toll in Szene zu setzen?

ZUTATEN

250g	*Rohrohrzucker*
250g	*Margarine*
6	*Ei-Ersatz*
300g	*Mehl*
1 1/2 Pck	*Backpulver*
2 TL	*Zimt*
3	*reife Bananen, püriert*

ZUBEREITUNG

Den Zucker und die Margarine schaumig rühren, dann den bereits aufgeschlagenen Ei-Ersatz dazugeben. Nun die trockenen Zutaten hinzufügen und in das Bananenmus einrühren.

Den Teig in eine mit etwas Margarine eingefettete und mit Paniermehl ausgestreute Backform geben.

Bei 180°C Ober- und Unterhitze ca. 45 Minuten backen. Bei Muffins beträgt die Backzeit lediglich 20 Minuten. Mit dem Holzstäbchen testen, ob der Teig durch ist (siehe Tipps für Kuchen).

Info: Den Kuchen im leicht geöffneten Backofen abkühlen lassen und erst im kalten Zustand aus der Form stürzen.

Tipps für Kuchen:

- Mit einem **Holzstäbchen** kannst Du testen, ob der Teig schon durch ist. Dazu einfach mit einem Stäbchen aus Holz in den Teig stechen, wenn kein Teig mehr haften bleibt, kann der Kuchen aus dem Ofen. Die genaue Backzeit variiert von Ofen zu Ofen. Behalte deshalb Deinen Kuchen immer im Auge!
- Kuchen immer im geöffneten Backofen auskühlen lassen. So reißt er nicht!
- Böden für Torten immer einen Tag im voraus backen und luftdicht aufbewahren!
- Für Torten immer saftige und feste Kuchen verwenden.

LIEBSTER- LIEBSTER- SCHOKOKUCHEN

chokolade war schon immer etwas ganz Besonderes. Ein Schokokuchen kann das auch sein... oder eben nicht! Ich bin manchmal echt überrascht, wie trocken und langweilig Schokokuchen sein kann. Dieser hier ist es auf jeden Fall nicht! Er ist saftig, schokoladig und lässt sich perfekt schneiden.

ZUTATEN

380g	Mehl
380g	Rohrohrzucker
50g	Kakaopulver
20g	Backpulver
5g	Salz
100g	Schokolade
150ml	Öl
400ml	Wasser
50ml	Karamellsirup

ZUBEREITUNG

Zuallererst alle trockenen Zutaten miteinander mischen.

Dann die Schokolade im Wasserbad zum Schmelzen bringen.

Das Wasser mit dem Öl vermischen und zu den restlichen Zutaten geben.

Anschließend die Masse glattrühren, den Karamellsirup hinzugeben und die flüssige Schokolade unterrühren.

Den Teig in eine eingefettete Springform (26cm Durchmesser) geben und bei 200°C Ober- und Unterhitze ca. 40 Minuten backen.

Mit einem Holzstäbchen lässt sich ganz leicht und schnell testen, ob der Kuchen aus dem Ofen muss (Seite 65).

LEBKUCHEN

Ein Duft, der verzaubert: frischer Lebkuchen! Kein anderer Kuchen wird so mit Weihnachten in Verbindung gebracht, ob als schokolierte Kekse, Hexenhaus oder Lebkuchenmänner. Er ist einfach überall beliebt und lässt Kinderaugen strahlen. Doch das ganze Jahr hindurch gibt es Lebkuchen, wie z.B. auf Jahrmärkten in Form von Herzen, meist mit einer Liebesbotschaft versehen. Sie sind ein hervorragendes Geschenk und besonders lange haltbar. Wie wäre es also mit einer „Liebesbotschaft" aus Lebkuchen?

Dieses Rezept hat mich einige Versuche gekostet, bis die Konsistenz, Farbe und vor allem der Geschmack gestimmt haben, aber dafür ist das Ergebnis auch himmlisch!

ZUTATEN

320g	Mehl
120g	Puderzucker
30g	Mandeln, gerieben
10g	Pottasche
1	Vanilleschote
120g	Zuckerrübensirup
50g	Margarine
40g	Rohrohrzucker
1/2 Pck	Pfefferkuchengewürz
1	Ei-Ersatz
20ml	Wasser

ZUBEREITUNG

Das Mehl, den Puderzucker, die geriebenen Mandeln und die Pottasche miteinander mischen.

Die Vanilleschote halbieren, auskratzen und das Mark hinzugeben.

Den Sirup aufkochen und mit der Margarine, dem Zucker und dem Pfefferkuchengewürz vermengen.

Ei-Ersatz mit dem Wasser verrühren und zusammen mit der Sirupmasse in die Schüssel mit dem Mehl geben, zu einem festen Teig verkneten und dünn ausrollen, da der Lebkuchen im Ofen noch etwas aufgeht.

Nun Stücke in Herzform ausstechen oder mit einer Schablone ausschneiden und auf ein mit Backpapier ausgelegtes Backblech legen.

Im vorgeheiztem Ofen bei 180°C Ober- und Unterhitze ca. 8-12 Minuten backen. Der Lebkuchen härtet beim Abkühlen noch etwas aus und kann erst dann verziert werden, also nichts für Ungeduldige. Schnell gemacht sieht eben auch so aus!

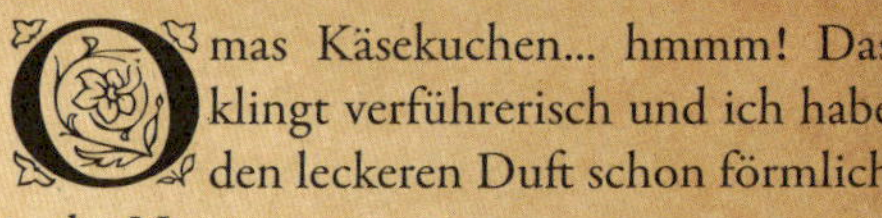

Omas Käsekuchen... hmmm! Das klingt verführerisch und ich habe den leckeren Duft schon förmlich in der Nase.

Leider gehöre ich zu den armen Enkelkindern, deren Oma nie Käsekuchen gebacken hat. Dabei habe ich schon gehört, dass Menschen manchmal sogar wegen eines guten Käsekuchens geheiratet werden.

Auch wenn ich keine niedliche, käsekuchenbackende Oma hatte, habe ich hier das Rezept für wirklich guten Käsekuchen.

Eine kleine Anmerkung vorab: Kirschen sind nicht gleich Kirschen. Ein Geschmacksvergleich lohnt sich, denn die verblichenen, traurigen Schattenmorellen schmecken zwar nicht schlecht, haben ihren Geschmack aber fast nur durch den zugefügten Zucker. Natürlich müssen es nicht immer die frisch gepflückten aus dem Garten sein, im Tiefkühlfach oder Glas kannst Du auch ziemlich feine Kirschen finden.

ZUTATEN FÜR DEN TEIG

250g	Mehl
125g	Margarine
80g	Rohrohrzucker
1	Ei-Ersatz
1	Zitrone, davon Schale

ZUTATEN FÜR DIE FÜLLUNG

8	Ei-Ersatz
300g	Rohrohrucker
1kg	"wie Frischkäse" von HEIRLER
250ml	Vegane Schlagsahne
2 Pck	Vanillepuddingpulver
400g	Süßkirschen

ZUBEREITUNG

Alle Zutaten zu einem Mürbeteig verarbeiten und in eine Springform (24cm Durchmesser) geben, dabei einen 3cm hohen Rand formen und den Boden möglichst dünn halten. Ideal sind etwa 0,5cm.
Dann den Teig mehrmals mit einer Gabel einstechen.

ZUBEREITUNG

Den Ei-Ersatz aufschlagen und die Kirschen abtropfen lassen.
Zucker, die Frischkäse-Alternative, den Ei-Ersatz und das Puddingpulver gut verrühren.
Die Schlagcreme aufschlagen und vorsichtig unter die Masse heben.
Die Kirschen auf dem Mürbeteig auslegen und die Füllung darüber verteilen.

Auf der untersten Schiene im Backofen ca. 110-130 Minuten bei 170°C Ober- und Unterhitze backen.

Info: Nach der Backzeit den Kuchen noch etwa 30 Minuten im leicht geöffneten Backofen stehen lassen, da er sich so nicht absenkt. Danach über Nacht in den Kühlschrank stellen, so wird er erst richtig fest!

LAVENDEL-ZITRONEN-KUCHEN

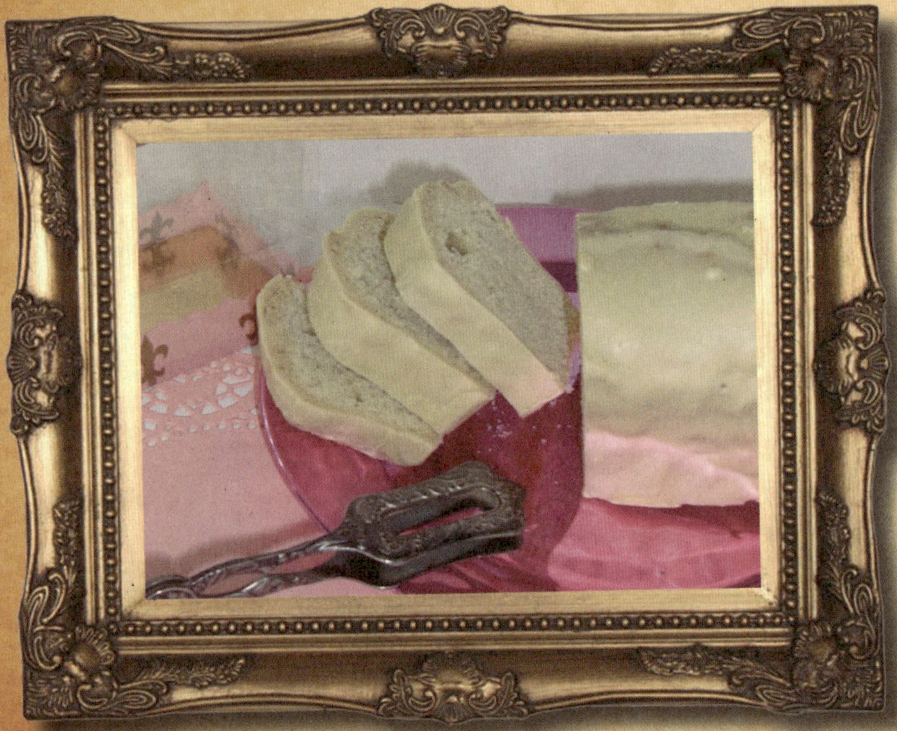

Ein Stück zarter Zitronenkuchen mit feinem Lavendelaroma, zum Beispiel gefüllt mit Lemoncurd, lässt einen fast glauben, die Welt wäre in Ordnung. Dieser Zitronenkuchen eignet sich auch perfekt als Grundlage für Motivtorten.

ZUTATEN

375g	Mehl
200g	Rohrohrzucker
170g	Margarine
1 Pck	Backpulver
1 Prise	Salz
1	Ei-Ersatz
1	Vanilleschote
150ml	Sojamilch
4 EL	Lavendelsirup
2	Zitronen, davon Schale und Saft

ZUBEREITUNG

Alle trockenen Zutaten samt der Margarine miteinander mischen.

Die Vanilleschote halbieren, auskratzen und das Mark zu der Sojamilch und dem Lavendelsirup geben.

Die Schale der Zitrone reiben und in einer Pfanne mit etwas Zucker karamellisieren.

Die Zitronen ausdrücken und den Saft zusammen mit der Sojamilch-Mischung zu den trockenen Zutaten geben.

Die Masse nun mit einem Schneebesen gut verrühren und die karamellisierte Zitronenschale dazugeben.

Den fertigen Teig in eine mit Backpapier eingekleidete Form, z.B. eine Kastenform, geben und bei 180°C Ober- und Unterhitze ca. 40 Minuten backen.

RED-VELVET-CAKE

Dieser Kuchen ist ein Klassiker unter den Tortenböden
und schmeckt fantastisch in
Kombination mit Buttercreme und
Früchten.

ZUTATEN

150g	*Margarine*
280g	*Rohrohrzucker*
2	*Vanilleschoten*
5	*Ei-Ersatz*
300ml	*Vegane Schlagsahne*
1 TL	*Apfelessig*
300g	*Mehl*
25g	*Speisestärke*
3 TL	*Kakaopulver*
1 TL	*Natron*
1 TL	*Backpulver*
1 Prise	*Salz*
	rote Lebensmittelfarbe

ZUBEREITUNG

Die Margarine mit dem Zucker und Vanillemark schaumig rühren, dann den Ei-Ersatz dazugeben.

Die Schlagcreme mit dem Apfelessig verrühren und unterheben.

Die restlichen Zutaten bis auf die Lebensmittelfarbe mischen und hinzugeben.

Die Masse zu einem glatten Teig verarbeiten und mit etwas Lebensmittelfarbe rot einfärben.

Den Teig in eine mit Backpapier ausgeschlagene Springform (24cm Durchmesser) füllen und bei 180°C Ober- und Unterhitze ca. 30 Minuten in den Ofen schieben. Mit einem Holzstab testen, ob der Kuchen fertig ist (Seite 65).

Info: Eine gute Alternative zur Lebensmittelfarbe ist Rote Beete-Saft!

BAUMKUCHEN MIT WEISSER SCHOKOLADE

Baumkuchen ist sehr beliebt zu Weihnachten. Du kannst ihn überall in den Supermärkten und in den Auslagen der Bäckereien finden, aber leider sind die Rezepte immer mit Hühnereiern. Wir müssen also selber backen!

Die Zubereitung, besonders das Backen, ist etwas zeitintensiv, macht aber auch viel Spaß und das Ergebnis ist es auf alle Fälle wert!

Hier die vegane Variante des klassischen Baumkuchens, verfeinert mit einer weißen Ganache als Umhüllung. Natürlich können auch Zartbitterkuvertüre, Soja- oder Reismilchschokolade verwendet werden.

ZUTATEN

1	Vanilleschote	150g	Marzipan			

1 — Vanilleschote
2 — Orangen, davon Schale und Saft
250g — Margarine
250g — Puderzucker
50ml — Vegane Schlagsahne
6 EL — Amaretto oder Amarettosirup

150g — Marzipan
150g — Mehl
100g — Speisestärke
3 TL — Backpulver
8 — Ei-Ersatz

Es wird außerdem benötigt:
White-Ganache (Seite 57)

ZUBEREITUNG

Zuerst die Vanilleschote mittig aufschneiden und das Mark auskratzen. Das geht besonders einfach mit einem kleinen Messer.

Die Schale der Orange (ungespritzte Bio-Orangen!) abreiben und eine Hälfte auspressen. Den Saft zusammen mit der Margarine, dem Puderzucker, der Schlagcreme, den Orangenschalen und dem Mark der Vanilleschote schaumig schlagen.

Den Amaretto im Topf erhitzen (nicht kochen!), das Marzipan in kleine Stücke teilen und einrühren, bis eine sämige Masse entsteht. Die Masse leicht abkühlen lassen, dann zur Margarinemasse geben und erneut gut aufschlagen.

Jetzt Mehl, Speisestärke und Backpulver miteinander mischen und vorsichtig dazuschütten.

Nun den Ei-Ersatz vorsichtig unterheben und die Masse erneut schaumig schlagen.

Den Boden einer Springform mit Backpapier auslegen, eine etwa 3mm dünne Lage Teig darauf verstreichen und bei 250°C Oberhitze 3 Minuten backen.

Dann die nächste Lage der Teigmasse mit einer kleinen Kelle auf die gebackene Schicht geben und wieder 3 Minuten backen lassen. Mit dem restlichen Teig weiter so verfahren, bis die gewünschte Höhe erreicht oder die Schüssel leer ist.

Nachdem der Baumkuchen ausgekühlt ist, kannst Du das klassische Loch mittig ausschneiden oder „Kuchenspitzen" schneiden. Dann die White-Ganache anrühren, abkühlen lassen, den Baumkuchen damit einstreichen und mit einem heißen Messer glätten. Jetzt kann der Baumkuchen nach Belieben dekoriert werden, z.B. mit Kakaopulver oder Zartbitterschokolade.

Info: Bei diesem Rezept solltest Du den Kuchen immer im Auge behalten, sobald er im Ofen ist!

BLITZ-
BISKUIT

Wenn ich an Torten denke, dann denke ich meist automatisch an Biskuit. Schön locker und fluffig soll er sein... und ist daher eigentlich eher schlecht für Torten geeignet!
Ich habe hier trotzdem ein schönes Rezept für Dich, mit dem sich ein fantastischer Biskuitboden herstellen lässt. Ansonsten empfehle ich Biskuit aber eher für saftige Biskuitrollen.

ZUTATEN

300g	*Mehl*
200g	*Rohrohrzucker*
6 TL	*Backpulver*
100g	*Margarine*
200ml	*Sojamilch*

ZUBEREITUNG

Alle trockenen Zutaten miteinander mischen.

Margarine und Sojamilch nach und nach in kleinen Mengen hinzugeben und verrühren.

Den Teig in eine mit Backpapier ausgekleidete Springform (24cm Durchmesser) geben, glattstreichen und 25-30 Minuten im bereits auf 200°C Ober- und Unterhitze vorgeheizten Ofen backen.

Zwischendurch immer wieder mit einem Holzstäbchen testen, da der Biskuit nicht zu fest werden darf (Seite 65).

Den Tortenboden nach dem Backen gut auskühlen lassen und erst dann aus der Form nehmen.

Info: Es empfiehlt sich, einen extra Boden und Rand aus Backpapier anzufertigen, da so die „Kante" gleichmäßiger wird.

Variation: Für eine Bisquitrolle wird der Teig einfach ca. 1,5cm hoch auf ein mit Backpapier ausgelegtes Backblech verteilt, glattgestrichen und 10-15 Minuten gebacken. Dann den noch warmen Boden auf ein mit Puderzucker bestreutes Küchenhandtuch stürzen und direkt mit Creme aufrollen!

Tipps für Torten:

- Für Torten immer ausreichend Zeit einplanen!
- Keine 5cm hohe Cremeschicht. Die sackt schnell ein!
- Torten mindestens einen Tag vor dem Anschnitt fertigstellen. So verbinden sich die Aromen!
- Die Umhüllung mit Fondant macht die Torten besonders haltbar und schützt auch im Sommer!
- Kleine Fehler einfach mit einer Dekoration kaschieren!
- Dekoelemente nie im Kühlschrank aufbewahren. Durch die Feuchtigkeit verlieren sie ihre Form!
- Verwende immer hochwertige Zutaten. Du wirst es schmecken!

TORTEN

Torten sind (nicht nur) kleine Kunstwerke, sondern können auch widerspenstige Monster sein. Sie vereinnahmen Dich total, rauben Deine Zeit und machen nie, was sie sollen.

Aber das macht nichts, denn sie schmecken toll und dafür lieben wir sie!

Es macht riesig Spaß, Tortenträume in meiner Backstube entstehen zu lassen. Dafür nehme ich mir ausreichend Zeit - eine gute Gelegenheit, mal die alten „Die Drei ???"- oder „John Sinclair"-Kassetten auszupacken. Plane alles soweit wie möglich vor und erstelle Dir einen groben Zeitplan.

Du solltest die Tortenböden mindestens einen Tag vorher backen und nur mit gut gekühlten Cremes arbeiten. Auch bei den Dekorationen solltest Du die Herstellung und eventuelle Trocknungszeiten mit einplanen.

Jede Torte hat wirklich ein ganz individuelles Eigenleben und Du solltest Dich darauf einlassen. Keine Torte ist wie die andere und Jede_r kämpft mal mit schwer zu schneidenden Böden, zu festen Cremes und Falten werfenden Fondantdecken. Nur eine Sache haben alle meine Torten gemeinsam: Sie schmecken hinreißend!

LOVELY-
MARZIPAN-
NUTS

Marzipan-Nuss ist eine absolut bewährte Konstellation
aromatischer Zutaten.
Eine Nuss-Sahne-Torte gehört bei
den meisten Konditoreien zum
Standardprogramm. Hier kommt die
weiterentwickelte vegane Version!

ZUTATEN FÜR DEN TEIG

80g   Haselnusskrokant

Es wird außerdem benötigt:
Blitz-Biskuit (Seite 78)

Als erstes den Biskuitteig nach Rezeptangaben anrühren, das Haselnusskrokant unterheben und in einer ausgefetteten Springform (26cm Durchmesser) 25-30 Minuten im bereits auf 200°C Ober- und Unterhitze vorgeheizten Backofen backen und abkühlen lassen.

ZUTATEN FÜR DIE FÜLLUNG

40g   Kakaopulver
1 TL   Zimt
250g   Haselnüsse, gehackt
50g   Rohrrohrzucker
4 TL   Margarine

Es wird außerdem benötigt:
Whipped-Cream (Seite 58)

Das Kakaopulver und den Zimt zur Whipped-Cream geben.

Nun die gehackten Haselnüsse in einer Pfanne ohne Fett anrösten und mit einem Mixer feinmahlen.

Den Zucker sowie die Margarine dazugeben und zu einer glatten Creme verrühren. Diese Masse unter die Whipped-Cream heben, abschmecken und kalt stellen.

Den ausgekühlten Boden dreimal längs durchschneiden, so dass insgesamt 4 Tortenböden entstehen und den untersten Boden auf der Tortenunterlage aus Pappe platzieren. Die Creme in einen Spritzbeutel mit großer Tülle füllen und auf den Tortenboden geben, dann den nächsten Boden aufsetzen. Diesen Vorgang bis zum letzten Boden wiederholen.

ZUTATEN FÜR DIE GANACHE

3 TL   Haselnusssirup

Es wird außerdem benötigt:
Ganache (Seite 18)

Die fertige Ganache mit dem Haselnusssirup verfeinern. Alternativ kannst Du auch Paste aus gerösteten Haselnüssen verwenden. Dann die Torte außen mit Ganache einstreichen und im Kühlschrank kalt stellen, bis sie fest ist. Nun eine zweite Lage Ganache aufbringen, gegebenenfalls Unebenheiten ausgleichen und erneut kalt stellen.

ZUTATEN FÜR DIE UMHÜLLUNG

Marzipan (Seite 16)
Fondant (Seite 17)

Marzipan und Fondant separat herstellen und zu einer Masse verkneten, auf ca. 4mm ausrollen, die Torte damit einkleiden. Anschließend die Umhüllung mit dem Fondantglätter vorsichtig glattstreichen und nach Belieben dekorieren, z.B. mit leckeren Haselnusscreme-Häubchen.

MRS. LAVENDER'S LEMON-CAKES

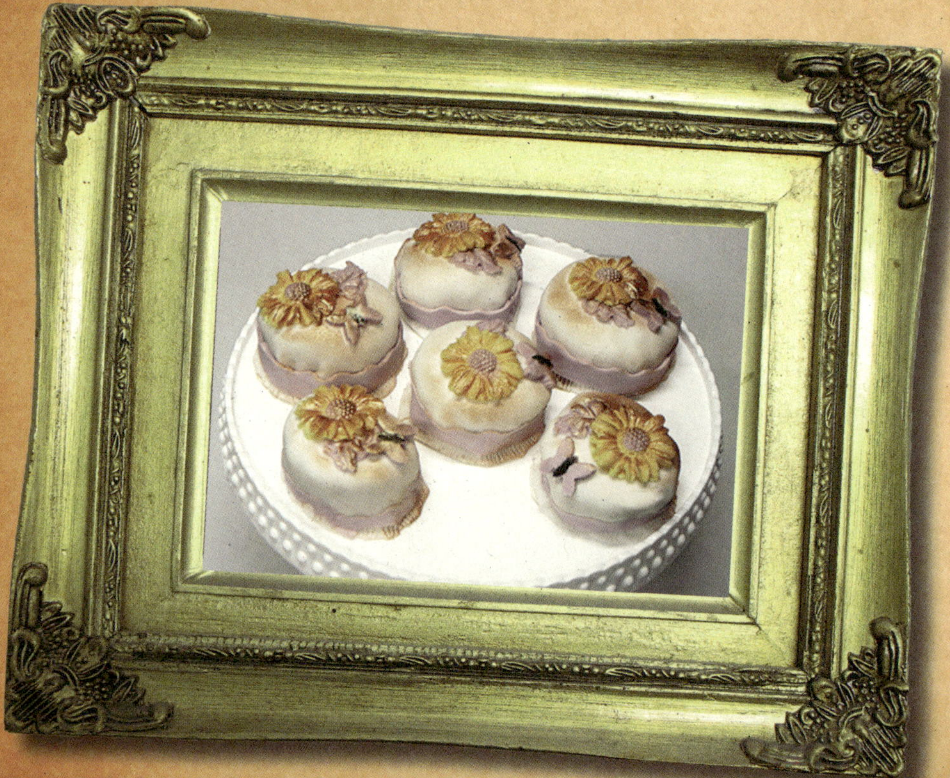

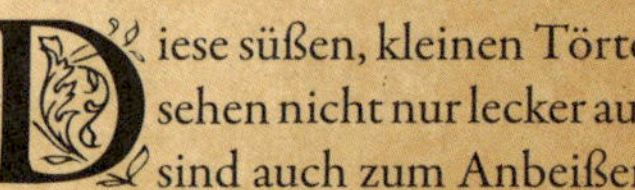

Diese süßen, kleinen Törtchen sehen nicht nur lecker aus, sie sind auch zum Anbeißen! Am besten eignen sich feste Teige für kleine Törtchen. Du kannst auch einfach Teigreste verwenden, z.B. wenn bei einer Motivtorte noch leckerer Verschnitt übrig geblieben ist.
Diese Küchlein sind es allerdings wert, ganz in Ruhe gebacken zu werden!

ZUTATEN FÜR DEN TEIG

5   *Zitronen, davon Schale und Saft*

Es wird außerdem benötigt:
Blitz-Biskuit (Seite 78)

Die Schale der Zitronen reiben, den Saft von 2 Zitronen auspressen und zu dem Biskuit geben.

Nun den Teig auf ein mit Backpapier ausgelegtes Blech geben und ca. 1cm hoch verstreichen.

Im Ofen bei 200°C Ober- und Unterhitze ca. 20 Minuten backen.

ZUTATEN FÜR DIE CREME

5 EL   *Lavendelsirup*
3   *Zitronen, davon Fruchtfleisch*

Es wird außerdem benötigt:
Whipped-Cream (Seite 58)

Die Whipped-Cream, wie angegeben zubereiten, den Lavendelsirup und das Fruchtfleisch der Zitronen dazugeben, dann kalt stellen.

Mit einem runden Ausstecher oder einem schmalen Glas runde Stücke aus dem abgekühlten Biskuit ausstechen, mit der Whipped-Cream bestreichen und ein weiteres, ausgestochenes Biskuitstück darauf setzen. Diese kleinen Torten nun rundherum mit der Creme gleichmäßig einstreichen und kalt stellen. Später können noch letzte Unebenheiten glattgestrichen werden.

ZUTATEN FÜR DIE UMHÜLLUNG

Marzipan (Seite 16)
Fondant (Seite 17)
Zitronen-Zuckerglasur (Seite 60)

Das Marzipan sehr dünn auf ca. 2mm ausrollen und damit die kleinen Torten von allen Seiten (auch unten!) einkleiden.

Anschließend die Törtchen mit einer sehr dünn angerührten Zitronen-Zuckerglasur bestreichen.

Nun das Fondant ebenfalls auf 2mm ausrollen und die Torten damit umhüllen und erneut kalt stellen.

Jetzt ist es an der Zeit, mit Fondant, Modellierfondant oder Marzipan kleine Dekoelemente vorzubereiten und die Törtchen zu dekorieren. Die Dekorationen können einfach mit etwas Zuckerguss befestigt werden. Abschließend noch ein Schleifchen umbinden und fertig ist Dein Kunstwerk!

Info: Der Zuckerguss dient dabei als „Klebstoff" und verbindet das Marzipan mit dem Fondant.

BLUEBERRY-BISKUIT-CLOUD-CAKE

Blaubeertorten sind fantastisch, am schönsten natürlich mit selbst gesammelten wilden Beeren. Schon Alice im Wunderland liebte diese Torte beim Teekränzchen mit dem Hutmacher, denn sie ist cremig und saftig. Die Kombination aus braunem Teigboden und violetter Creme gibt diesem Kunstwerk den letzten Schliff!

ZUTATEN FÜR DEN TEIG

Liebster-Liebster-Schokokuchen (Seite 66)

Den Schokoteig nach Rezeptangaben an-rühren, backen und abkühlen lassen.

ZUTATEN FÜR DIE FÜLLUNG

300g	*Blaubeeren*
4 EL	*Karamellsirup*
100g	*feste Kekse, zerkleinert*

Es wird außerdem benötigt:
Whipped-Cream (Seite 58)

Die Hälfte der Blaubeeren pürieren, samt dem Karamellsirup zu der fertigen Whip-ped-Cream geben und kalt stellen.

Info: Mit roter und blauer Lebensmittelfarbe lässt sich die violette Farbe noch verstärken!

In der Zwischenzeit den ausgekühlten Bo-den zweimal längs durchschneiden, so dass 3 Tortenböden entstehen. Den untersten Boden auf eine Tortenpappe setzen.
Die gekühlte Creme in einen Spritzbeutel mit großer Tülle füllen und auf den unteren Boden spritzen.
Mit der zweiten Häfte der Blaubeeren die Creme bedecken, den nächsten Boden auf-setzen und eine Schicht Whipped-Cream auftragen. Bei der zweiten Cremefüllung al-lerdings keine Blaubeeren mehr verwenden, sondern die Kekskrümel.
Dann den letzten Tortenboden auflegen, die Torte mit der Creme komplett einstrei-chen und in den Kühlschrank stellen, bis die Creme fest ist. Anschließend können gegebe-nenfalls Unebenheiten ausgebessert werden.

Info: Am leckersten sind natürlich selbst-gemachte Kckse, z.B. die Cute-Cinnamon-Cookies (Seite 26), aber auch gekaufte, sehr bissfeste Kekse eignen sich.

ZUTATEN FÜR DIE UMHÜLLUNG

Marzipan (Seite 16)
Zitronen-Zuckerglasur (Seite 60)
Fondant (Seite 17)

Das Marzipan 2mm dick ausrollen und die Torte damit einkleiden. Anschließend eine relativ dünne Zuckerglasur anrühren und die Marzipandecke bestreichen. Das Fondant ebenfalls dünn ausrollen, die gesamte Torte damit bedecken und mit einem Fondant-glätter glattstreichen.
Bei der Dekoration sind Deiner Kreativität keine Grenzen gesetzt!

SUPER-CHOCOLATE-HEAVEN

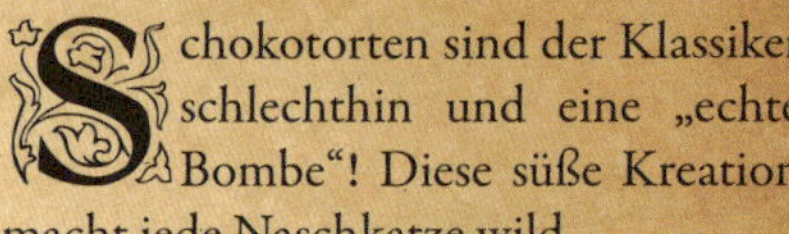

Schokotorten sind der Klassiker schlechthin und eine „echte Bombe"! Diese süße Kreation macht jede Naschkatze wild…
Gerade beim Kakao und der Schokolade lohnt es sich aber, darauf zu achten, fair gehandelte und biologisch angebaute Produkte zu kaufen!

ZUTATEN FÜR DEN TEIG

Liebster-Liebster-Schokokuchen (Seite 66)

Als erstes den Schokoteig nach Rezept anrühren, in einer eingefetteten Springform (26cm Durchmesser) backen und auskühlen lassen.

ZUTATEN FÜR DIE FÜLLUNG

80g   *Kakaopulver*
100g   *Zartbitter-Schokostreusel*

Es wird außerdem benötigt:
Whipped-Cream (Seite 58)

Das Kakaopulver in die Whipped-Cream geben, einrühren und kalt stellen.

Währenddessen den ausgekühlten Tortenboden zweimal längs durchschneiden, um 3 gleichdicke Böden zu erhalten. Dann den untersten Boden auf eine Tortenunterlage aus Pappe legen.

Die kalte Creme in einen Spritzbeutel füllen und auf den Boden geben. Mit den Schokostreuseln die Creme bedecken und den zweiten Boden darauf setzen. Erneut eine Schicht Creme auf dem Tortenboden verteilen und Schokostreusel aufstreuen, dann den letzten Tortenboden auflegen.

ZUTATEN FÜR DIE GANACHE

Ganache (Seite 18)

Die Torte mit Ganache einstreichen und in den Kühlschrank stellen, bis die Ganache fest ist. Nun eine zweite Lage Ganache aufstreichen und Unebenheiten ausgleichen, dann erneut kalt stellen.

ZUTATEN FÜR DIE UMHÜLLUNG

6 EL   *Kakaopulver*
6 EL   *Kokosfett*

Es wird außerdem benötigt:
Fondant (Seite 17)

Zuerst das Kokosfett im Topf erwärmen und schmelzen lassen.

Dann das Kakaopulver einrühren, die Mischung mit dem Fondant verkneten und etwa eine Stunde ruhen lassen.

Die Masse ca. 2mm dick ausrollen und die Torte damit einkleiden. Mit einem Fondantglätter können letzte Unregelmäßigkeiten ausgebessert werden.

Jetzt fehlt nur noch eine schicke Dekoration aus Schokolade!

BLACKBERRY-BUTTERCREAM-KISS

Als ich dieses Rezept das erste Mal ausprobiert habe, war ich mir nicht sicher, ob die Kombination von leicht säuerlichen Brombeeren und der süßen Buttercreme funktionieren würde. Das Ergebnis überzeugte nicht nur mich, sondern auch Nicht-Veganer sofort!

ZUTATEN FÜR DEN TEIG

Red-Velvet-Cake (Seite 74)

Den Red-Velvet-Cake in einer eingefetteten Springform (26cm Durchmesser) backen und abkühlen lassen.

ZUTATEN FÜR DIE FÜLLUNG

200g   Brombeeren
Brombeer-Marmelade

Es wird außerdem benötigt:
Vanilla-Buttercream (Seite 46)

Die Vanilla-Buttercream nach Rezept zubereiten.

Den ausgekühlten Boden viermal längs durchschneiden, so dass 5 dünne Tortenböden entstehen.

Den ersten Boden auf eine Tortenpappe legen, die Buttercreme in einen Spritzbeutel mit großer Tülle geben und auf den Boden spritzen. Dann die Creme mit Brombeeren belegen, den nächsten Boden aufsetzen und nur eine Schicht Buttercreme aufspritzen. Beim dritten Boden die Schicht Buttercreme weglassen und dafür eine Schicht Brombeer-Marmelade aufstreichen. Anschließend den vorletzten Tortenboden aufsetzen, eine Schicht Buttercreme mit dem Spritzbeutel auftragen und mit dem letzten Boden abschließen.

ZUTATEN FÜR DIE CREME

White-Ganache (Seite 57)

Nun die gesamte Torte mit White-Ganache bestreichen und kalt stellen, dann eine zweite Lage Ganache auftragen und wieder in den Kühlschrank stellen.

ZUTATEN FÜR DIE UMHÜLLUNG

Fondant (Seite 17)

Das Fondant 4mm dick ausrollen und die Torte damit einkleiden, mit einem Fondantglätter glattstreichen und nach Belieben dekorieren. Dabei kannst Du Deinen Ideen freien Lauf lassen oder einem bestimmten Motto folgen!

Info: Die Torte schmeckt auch ohne Fondant lecker und zartschmelzend. Eingedeckte Torten sind allerdings länger haltbar und verlieren auch bei wärmeren Temperaturen nicht ihre Form!

Info: Du kannst natürlich auch nur 3 Böden und zwei Schichten der Füllung für diese Torte verwenden.

CREATE A CAKE

Eine mehrstöckige Torte ist immer eine besonders atemberaubende Backkreation. Diese ist aber auch besonders arbeitsintensiv und umfangreich. Auch hier gilt: Übung macht den Meister!

Wichtig ist, sich vorher einen genauen Plan darüber zu machen, was Du vorhast, um den Überblick zu behalten. Fehler können immer mal passieren, aber die kaschieren wir einfach mit Zuckerkleber und essbaren Dekoelementen!

Es ist sinnvoll, die Dekorationen einen Tag vorher anzufertigen, gerade wenn es größere Teile sind, wie z.B. Buchstaben, Zahlen oder Figuren. Wenn die verschiedenen Dekolemente aber noch an die Form der Torte angepasst werden, müssen diese am Tag der Fertigstellung hergestellt werden.

Aber keine Angst! Auf den folgenden Seiten erfährst Du in 15 einfachen Arbeitsschritten, wie Du Deinen eigenen VeganWondercake mit 3 Ebenen herstellen kannst. Im Prinzip besteht diese mehrstöckige Torte aus separat hergestellten Torten, die geschmacklich wie farblich aufeinander abgestimmt sind und am Ende zusammengesetzt werden.

Natürlich kann auch jeder Boden anders gefüllt sein. Das bietet sich besonders an, wenn Allergiker unter Deinen Gästen sind und Du einen Boden ohne Nüsse oder Gluten machen möchtest.

Die Torten sollten jeweils unterschiedliche Durchmesser haben, dazu eignen sich am besten Springformen in den Größen 18cm, 24cm und 30cm.

Schritt 1: Den Teig für die 3 Torten anrühren.

Info: Der Liebste-Liebste-Schokokuchen (Seite 66) eignet sich hervorragend als Grundrezept, denn er ist saftig und locker, lässt sich gut schneiden und behält seine Form.

Schritt 2: Die Torten nach dem jeweiligen Rezept backen und abkühlen lassen.

Schritt 3: Nun die jeweilige Creme für die Füllung zubereiten.

Schritt 4: Die Böden schneiden, trennen und auf Pappböden legen. Nun die Cremefüllung in einen Spritzbeutel füllen und auf die Böden spritzen.

Schritt 5: Mit der Schichtung beginnen und die jeweiligen Zutaten, wie z.B. frische Früchte, Krokant oder gehackte Nüsse, auf die Böden verteilen.

Schritt 6: Die fertig zusammengesetzten Böden mit Buttercreme bzw. Ganache einstreichen und kalt stellen.

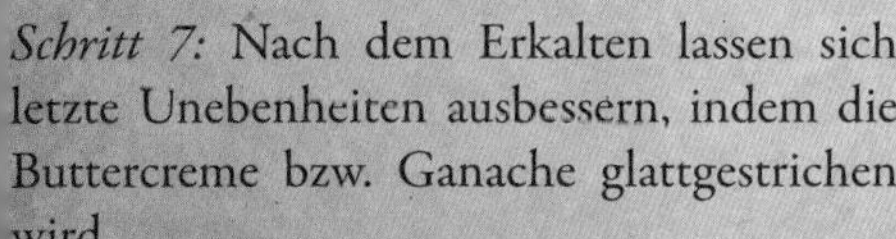

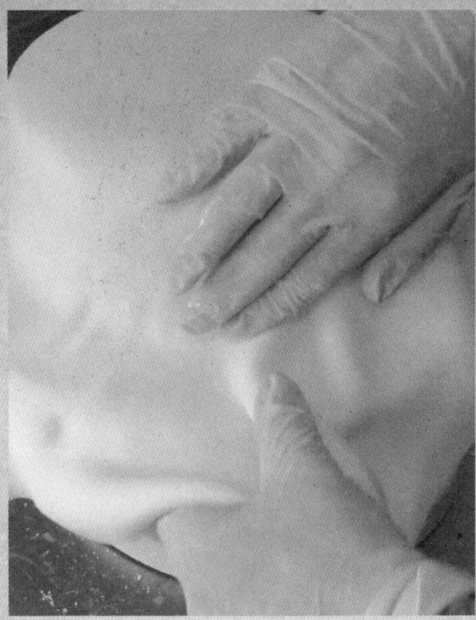

Schritt 7: Nach dem Erkalten lassen sich letzte Unebenheiten ausbessern, indem die Buttercreme bzw. Ganache glattgestrichen wird.

Schritt 8: Das Fondant und/oder das Marzipan ausrollen und die Torten damit einkleiden.

Schritt 9: Mit einem Fondantglätter die Decken glattstreichen, insbesondere den Abschluss der Kanten. Nun die überstehenden Teile der Pappböden mit einem Cutter rings um die Torten wegschneiden und die eingekleideten Torten in den Kühlschrank stellen.

Schritt 10: Die vorbereiteten Dekoelemente zusammenstellen und passformgenaue Teile anfertigen, wie z.B. Bänder, Schleifen, Rosen etc.

Schritt 11: Die Torten aus dem Kühlschrank nehmen und die unterste Torte auf einen festen Boden aufsetzen. Das kann z.B. ein Cakeboard oder der untere Teil einer Etagere sein.

Schritt 12: Wenn Du eine Tortenetagere hast, ist nun der richtige Zeitpunkt, ein Loch für den Etagerenständer in die Mitte der Torte zu schneiden.

Info: Falls Du keine Etagere hast, kannst Du auch Holzstäbchen verwenden. Schneide dazu Holzstäbchen auf die Höhe Deines Tortenbodens zu. Der Durchmesser der Stäbchen sollte etwa 5mm betragen. Essstäbchen vom Asia-Imbiss eignen sich perfekt! Nun in den untersten Boden im Quadrat 5 bis 8 Holzstäbe als Stütze einsetzen. Es empfiehlt sich, die Stellen vorher zu markieren. Nun die zweite Torte (mit zugeschnittenem Pappboden drunter) aufsetzen und diesen ebenfalls mit ausreichend Stützen für den dritten Boden ausstatten.

Schritt 13: Nun können die verschiedenen Dekoelemente mit Zuckerkleber auf den Torten angebracht werden.

Schritt 14: Die Abschlusskanten mit Zuckerguss versehen und mit Bändern, Herzchen, Sternen etc. verzieren.

Schritt 15: Jetzt können noch Beschriftungen aufgetragen und Akzente gesetzt werden, z.B. mit essbarem Glitter oder Lebensmittel-Airbrush!

Fertig ist Dein veganer Wondercake!!!

IMPRESSUM

© 2011 compassion media, Münster

Vervielfältigungen, Microverfilmungen und die Einspeicherung und Verarbeitung in elektronischen Systemen, auch in Auszügen, nur mit ausdrücklicher Erlaubnis des Verlages. Alle Rechte vorbehalten.

5. Auflage, Februar 2013
ISBN 978-3-00-032830-5

gedruckt auf Recyclingpapier (aus 100% Altpapier)

Lektorat: Michael Kirchner, Alexander Bulk
Layout/Satz: Marc Pierschel
Druck: Interpress, Budapest

compassion media
a division of roots of compassion eG
Friedensstr. 7, 48145 Münster
www.compassionmedia.org
info@compassionmedia.org

Viele weitere Bilder von Kims Backkunst und Ihrem Cateringservice findest Du unter:
www.veganwondercake.de
www.vegancakeartist.de

Kim bei Facebook:
www.facebook.com/veganwondercake
www.facebook.com/kimveganwonderland

Du kannst Kims Kreationen auch in ihrem Café „Cakes'n'Treats" in Dortmund probieren:
www.cakesntreats.de
www.facebook.com/cakesntreats

Die Zeichnungen sind von der Künstlerin Anna Enola. Du kannst ihre Werke hier bewundern oder sie kontaktieren:
annaenola@web.de
www.facebook.com/annaenola

REGISTER

Basics

Cookies

Cupcakes

Creams & Frostings

Kuchen

Torten

compassion media

Sarah Kaufmann
Vegan Guerilla
Die Revolution beginnt in der Küche

100 Seiten | Hardcover | 2. Auflage 2012
€ 17,90 | ISBN 978-3-9814621-0-4

Vegan Guerilla - Revolutioniere deine Küche mit 40 abwechslungsreichen Rezepten!
Kürbis gefüllt mit Mango und Seitan, Quiche Lorraine, Schupfnudel-Gyros-Pfanne, Hokkaido-Risotto, Quinoa-Patties und viele mehr entführen dich in die Welt des rein-pflanzlichen Genusses.
In diesem Kochbuch findest du eine schmackhafte Auswahl kreativer Gerichte von Suppen über Salate, Aufläufe, asiatisch inspirierte Gerichte bis hin zu Burger- sowie Tofu- und Seitankreationen.

Marc Pierschel
Vegan!
Vegane Lebensweise für Alle

160 Seiten | Broschur | 5. Auflage 2012
€ 10,90 | ISBN 978-3-00-028404-5

„Was kannst du denn dann überhaupt noch essen?" ist eine der Fragen, die Veganer_innen oft zu hören bekommen. Neben Hintergrundinformationen zu Tierausbeutung findest du ethische Überlegungen und Theorien zum Mensch-Tier-Verhältnis, Tipps und Ratschläge anderer Veganer_innen sowie Antworten auf weit verbreitete Vorurteile. Abgerundet durch eine Nährstofftabelle, eine E-Nummern Liste, einen veganen Sprachführer und einfach zuzubereitende Rezepte ist *Vegan!* dein (Überlebens-) Handbuch für den veganen Alltag!

Christina Kaldewey
Vegane Küche für Kinder
Einfach lecker für kleine Entdecker

160 Seiten | Hardcover | 2. Auflage 2012
€ 18,90 | ISBN 978-3-9814621-2-8

Du möchtest das Zusammenleben mit deinem Kind vegan gestalten? Dein Kind verträgt keine Milchprodukte? Du bist auf der Suche nach einfachen, leckeren Rezepten? Im ersten umfassenden deutschsprachigen Ratgeber für vegane Kinderernährung finden Klein und Groß Hilfe und Schmackhaftes für jeden Tag.
Vegane Küche für Kinder steht dir ab dem ersten Brei mit vielen praktischen Rezepten, hilfreichen Ratschlägen und Informationen zu Ernährung, Alltagstipps und Erfahrungsberichten zur Seite.